Heinrich Steinfest

Gebrauchsanweisung für Österreich

Piper München Zürich

Mehr über unsere Autoren und Bücher:
www.piper.de

ISBN 978-3-492-27568-2

Karte: cartomedia, Karlsruhe
Gesamtherstellung: CPI – Clausen & Bosse, Leck
Printed in Germany

Es steht geschrieben: Wir haben mit
der Vergangenheit abgeschlossen,
aber die Vergangenheit nicht mit uns.

(aus *Magnolia*, Film von Paul Thomas Anderson)

O gutes Land! O Vaterland! Inmitten
Dem Kind Italien und dem Manne Deutschland
Liegst du, der wangenrote Jüngling, da:
Erhalte Gott dir deinen Jugendsinn
Und mache gut, was andere verdarben!

(aus *König Ottokars Glück und Ende* von Franz Grillparzer)

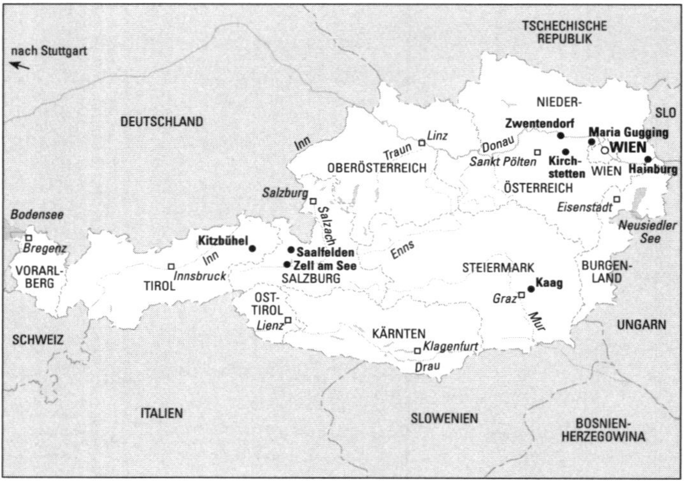
TSCHECHISCHE REPUBLIK
nach Stuttgart
DEUTSCHLAND
NIEDER-
SLO
Zwentendorf
Maria Gugging
WIEN
Inn
Traun
Linz
Donau
Sankt Pölten
Kirch-stetten
Hainburg
OBERÖSTERREICH
WIEN
ÖSTERREICH
Salzburg
Salzach
Eisenstadt
Bodensee
Neusiedler See
Bregenz
Kitzbühel
Saalfelden
Enns
Inn
Zell am See
STEIERMARK
BURGEN-LAND
VORARL-BERG
Innsbruck
SALZBURG
TIROL
Kaag
OST-TIROL
Graz
Mur
Lienz
UNGARN
SCHWEIZ
KÄRNTEN
Klagenfurt
Drau
ITALIEN
SLOWENIEN
BOSNIEN-HERZEGOWINA

Inhalt

Bevor es losgeht

Grundsätzlich wäre zu sagen, daß der Reisende auch dort, wo Grenzkontrollen wegfallen und er etwa mittels eines Flugzeugs seine »Wanderung« als ein langgezogenes Beamen erlebt, niemals vergessen sollte, eine Trennlinie passiert zu haben. Es muß ihm klar sein, daß, wenn er dieses Flugzeug oder diesen Zug verläßt oder aus seinem Wagen steigt, er sich nicht nur bloß auf einem anderen Staatsgebiet befindet, sondern in einer anderen Welt, einer anderen Sphäre. – Eine Grenze ist der stark geschrumpfte Raum zwischen zwei Sonnensystemen.

Vor allem sollte der Reisende sich nicht von den Ähnlichkeiten zur eigenen Kultur täuschen lassen. Die Unterschiede sind immer größer als die Gemeinsamkeiten. Die Teekannen in gewissen wundersamen Geschichten sehen auf den ersten Blick genauso aus wie jene, welche die Helden von zu Hause kennen, aber diese hier können sprechen und sich bewegen. Und es gibt ja wohl kaum einen größeren Unterschied, als den zwischen sprechenden und nichtsprechenden Teekannen.

Des öfteren kommt das Überschreiten der Grenze dem Durchdringen eines Spiegels gleich, so wie man das aus Jean Cocteaus *Orphée* kennt, wenn Jean Marais durch eine wasserartige Scheibe die Unterwelt betritt. Das Land auf der anderen Seite der Grenze ist immer das Jenseits. Und daß im Reich der Toten andere Regeln gelten als im Reich der Lebenden, das sollte Ihnen wohl klar sein. Vergessen Sie das also nicht, wenn Sie nach Österreich kommen. Lassen Sie sich niemals von Ihrer grundsätzlichen Vorsicht abbringen, nur weil so manches Ding, so mancher Mensch und Gegenstand stark mit dem verwandt scheint, was Sie aus Ihrem eigenen Land kennen. Lassen Sie sich nicht irreführen, etwa von einer Kaffee- oder Teekanne, die harmlos und ohne ein Wort zu reden vor ihnen steht. Daß sie stumm scheint, bedeutet nicht, daß sie nicht reden kann, wenn sie will. Und daß Geschirr, welches derartige Fähigkeiten besitzt – also im richtigen Moment den Mund zu halten (welcher Mensch schafft das schon?) –, daß solches Geschirr noch zu ganz anderen Hexereien in der Lage ist, versteht sich.

Wie spreche ich einen Österreicher an, um ihn *nicht* zu beleidigen? Wie spreche ich einen Österreicher an, um ihn *richtig* zu beleidigen?

Der famoseste unter allen österreichischen Nestbeschmutzern, Thomas Bernhard, läßt in seinem als Komödie titulierten Prosawerk *Alte Meister* seine Hauptfigur Reger einen bemerkenswerten Satz aussprechen: »Der Österreicher ist tatsächlich der interessanteste Mensch von allen europäischen Menschen, denn er hat von allen anderen europäischen Menschen alles und seine Charakterschwäche dazu.« Und gleich darauf heißt es: »... die ganze Welt hat sozusagen immer einen Narren gefressen an ihm, eben weil er *der interessanteste europäische* Mensch ist, gleichzeitig ist er aber doch immer auch *der gefährlichste.* Der Österreicher ist mit großer Wahrscheinlichkeit der gefährlichste Mensch überhaupt ...«

Dies ist natürlich in erster Linie in einem politischen und historischen Kontext zu verstehen, sollte aber auch prinzipiell und en détail so gesehen werden. Im Umgang mit Österreichern empfiehlt es sich, ob deren »Schönheit« nicht deren »Giftigkeit« zu übersehen. Diese Warnung gilt vor allem für den deutschen Reisenden, der sich nicht selten eine Artverwandtschaft einredet, mitunter sogar eine Blutsverwandtschaft, und sich darum eine Nähe und Vertraulichkeit erlaubt, die unvernünftig ist. Man würde ja auch nicht mit einer hochgiftigen Staatsqualle in Berührung treten, nur weil man selbst zufälligerweise ebenfalls zum Stamm der Hohltiere zählt. Nein, Vorsicht ist eine gute Basis, um in Kontakt zu einem Österreicher zu treten, der zwar ständig zum Fraternisieren einlädt, es aber nicht wirklich schätzt, wenn man diesen Einladungen auch folgt. Ausschlagen sollte man die Einladungen natürlich ebensowenig, sondern dem Österreicher signalisieren, daß man an ihm interessiert ist, ganz in der Art, wie man zu einer Frau oder einem Mann sagt: »Sie gefallen mir, aber ich bin schon verheiratet.« Flirten darf man ja trotzdem. (Der Unterschied zwischen Flirten und Fraternisieren ist der, daß bei ersterem die Grenze erhalten bleibt, bei zweiterem nicht).

Da der Österreicher sehr stark im Bewußtsein jener von Thomas Bernhard definierten Besonderheit lebt, eben *der* Interessanteste und *der* Gefährlichste von allen zu sein, schätzt er es natürlich gar nicht, auf seine Kleinstaatlichkeit heruntergestuft zu werden. Auf seine geographische Schrumpfform. Vielmehr sieht er sich als »Kulturmensch«, ja als *der* Kulturmensch. Und weil sein Selbstbewußtsein in bezug auf die Kultur enorm ist, widerstrebt es ihm, genaue Definitionen vorzunehmen. So wenig ein Engel erklärt, warum er ein Engel ist. Engel wird man einfach. Jedenfalls ist der Kulturbegriff der Österreicher sehr viel weniger konkret, als man das bei anderen Europäern erlebt. Für den Österreicher ist praktisch alles Kultur. Und alles ist sein eigenes Verdienst. Selbst die Natur. Der Österreicher hält die Natur in seiner Umgebung für einen Ausdruck der eigenen Kulturleistung. Jedes Blatt, jeder Zweig, jedes

Vogelzwitschern, jeder schmackhafte Pilz stellt ein aus dem Wollen und dem Denken heraus geborenes hiesiges Produkt dar.

Das erkannte bereits Adalbert Stifter, der in seiner Erzählung *Bergkristall* über die Erhebung nahe einer Ortschaft schreibt: »Dieser Berg ist auch der Stolz des Dorfes, als hätten sie ihn selber gemacht, und es ist nicht so ganz entschieden, wenn man auch die Biederkeit und Wahrheitsliebe der Talbewohner hoch anschlägt, ob sie nicht zuweilen zur Ehre und zum Ruhme des Berges lügen.«

Für einen Berg lügen, das ist dem Österreicher ganz selbstverständlich. Überhaupt das Lügen, obgleich man es natürlich *so* nicht ausdrücken würde. Man lügt nicht im Bewußtsein einer Verfälschung der Fakten, sondern ganz im Gegenteil, man lügt, um einer Sache gerecht zu werden, die Wahrheit in die richtige Richtung zu verbiegen. Wie sich das bei schöpferischen Menschen gehört oder Menschen, die sich für schöpferisch halten. Sie lügen nicht, sie erfinden.

Die Dinge, die natürlichen wie die künstlichen, sind dem Österreicher so vertraut und naturgemäß, daß er etwa mit Leichtigkeit über Bücher redet, die er nie gelesen hat. Das hat nichts zu tun mit dem Improvisieren anderswo. Der Österreicher denkt ja, auf eine gewisse Weise dieses bestimmte Buch tatsächlich gelesen zu haben, es quasi von innen heraus gelesen zu haben. Er ist derart überzeugt davon, daß er mit Leichtigkeit stundenlang über Nestroy und Schnitzler und Musil, vor allem aber über Haßfiguren wie Handke, Jelinek und eben Thomas Bernhard reden kann, ohne je ein Wort davon gelesen zu haben. Und es wäre weder höflich noch ratsam, als der Gast, der Sie sind, zu versuchen, genau diesen Umstand ruchbar werden zu lassen. Sie dürfen ruhig kritisch sein, das ist kein Problem, Sie können auf Widersprüche hinweisen, Ihre eigene Meinung zum besten geben, heftig debattieren, aber kommen Sie bitte nicht auf die Idee, dem Österreicher vorzuwerfen, er könne besagtes Buch doch gar nicht gelesen haben. Der Österreicher würde sich nämlich nicht ertappt, sondern völlig zu Unrecht beschuldigt fühlen. Noch dazu als der Kulturmensch, der er nun mal – höchstwahrscheinlich gottgegeben – seit jeher ist.

Der Österreicher gibt viel auf das Gottgegebene. Aber als der spezielle Katholik, als der er sich fühlt, ein an Missionierungen und Weltrettungen desinteressierter Barockmensch, versucht er nicht, aus den göttlichen Entscheidungen weltliche Rechtfertigungen herauszufiltern. So überzeugt er davon ist, daß Gott sich bei allem etwas gedacht hat, so wenig spekuliert er darüber, *was* Gott sich gedacht hat. Der Österreicher ist ein untheologischer Mensch, der mehr auf die Macht des Rituals hört als auf die Stimmen aus dem Himmel. In dieser Hinsicht ist er ein äußerst weltlicher Charakter, der sich selbst von einem Wunder nicht wirklich beeindrucken lassen würde. Weil er nämlich auch das Wunder als Ornament erkennt, als eine Schmückung, nicht als einen Fingerzeig. Was wiederum auf eine gewisse Unbelehrbarkeit hindeutet. Und das ist ja sicherlich der Fall. – Glauben Sie bitte nicht, der Österreicher würde sich von der Stichhaltigkeit eines Arguments beeindrucken lassen. Er ist kein Formelmensch, allerdings auch kein Bauchmensch, sondern eben ein Kulturmensch, für den die Art, *wie* ein Argument vorgetragen wird, mehr zählt als das Argument selbst. Wenn Sie ihn überzeugen wollen, dann achten Sie also auf Ihre Fabulierkunst, bemühen Sie sich um Witz und Charme und Eleganz, und vernachlässigen Sie das Prinzip exakter Wissenschaft. Lieber ein schöner falscher Satz als ein richtiger Satz, der den Verdacht nährt, Sie seien fade, kleinmütig und phantasielos. Das aus der experimentellen Mathematik bekannte Prinzip, nach dem einfache Lösungen die schönsten sind, gilt dem Österreicher wenig. Man kann sagen, er ist ein Meister des Umständlichen, ein Meister der Umwege und der Verwicklungen. *Wenn man etwas kompliziert sagen kann, wieso einfach?*

Es ist darum auch ganz bezeichnend, daß einer der bekanntesten österreichischen Maler, der Spiral- und Zwiebelturmvirtuose Friedensreich Hundertwasser, die gerade Linie als »gottlos« einstufte. Die gerade Linie ist die logische Verbindung zwischen zwei Punkten. Der Österreicher widersetzt sich dieser Logik, geht dahin und dorthin, entdeckt neue Aussichten, produziert im Stile einer Schnecke kurvige Schleimspuren, verliert sich, gelangt aber dennoch irgendwann – ein Meisterwerk gekonnter Verirrungen hinter sich lassend – zu Punkt B, freilich mit einiger Verspätung. Woraus sich für Sie, lieber Reisender, zwei wichtige Aspekte ergeben:

Erstens: Wenn Sie einen Österreicher nach dem Weg fragen, wundern Sie sich nicht über die Weitschweifigkeit seiner Ausführungen (er ist schließlich kein Navigationssystem, sondern ein literarisch begabtes Wesen), und genießen Sie die Orte, an welche diese Ausführungen Sie bringen werden (man weiß sowieso nicht, ob es nicht eh' besser war, nicht gleich dort anzukommen, wo man hinwollte).

Zweitens: Gehen Sie davon aus, daß, wenn Sie sich mit einem Österreicher verabreden, er mit großer Wahrscheinlichkeit zu spät kommt. Nehmen Sie es nicht persönlich. Und seien Sie nicht so vermessen, zu meinen, der Österreicher könnte doch ausnahmsweise – dem Gast zuliebe – pünktlich sein, ausnahmsweise den direkten Weg zwischen zwei Punkten nehmen. Das wird er nicht tun, besagter »Gottlosigkeit« wegen.

Daraus resultiert der Irrtum, Österreicher seien besonders langsame und träge Menschen. Das stimmt nicht. Eher ist der Österreicher hochaktiv, ja hyperaktiv. Wo ein Deutscher zwei Schritte macht, macht er vier, von denen aber einer zur Seite und einer nach hinten führt. Auch in dieser Hinsicht besteht wieder die so überaus prägende Liebe zum Ornament. Das Ornament unterstreicht die Bedeutung der Dinge. Man geht oder fährt lieber einen bestimmten Umweg, wenn dieser dem Charakter des Ziels eher entspricht. Und das hat ja etwas für sich. Darum auch werden hohe Berge über schwierige, gefährliche Routen erklommen. Ginge es allein um das Erreichen des Gipfels, würde der Wanderweg auf der windgeschützten Rückseite ja völlig ausreichen. Der Österreicher ist ein verrückter Alpinist, selbst wenn er sich in Eisenstadt oder Graz befindet und ein Kaffeehaus aufsucht. Der Wert des Kaffeehauses erhöht sich mit der Umständlichkeit der Anfahrt.

Österreicher wollen natürlich, wie fast alle Menschen, nicht nur gelobt und hofiert und mit Rücksicht ob ihrer Eigenheiten behandelt werden, sondern sie wollen auch geärgert werden. Von Deutschen besonders gerne. Überhaupt ist der Österreicher eher dem Ärger verpflichtet. Seine in volkstümlichen Ritualen gepflegte Lustigkeit ist bloß eine kunstvolle Verniedlichung seines Ärgers, seiner fundamentalen Wut.

Die banalste, leider immer wieder praktizierte Form, einen Österreicher zu ärgern, besteht darin – ist man denn ein Deutscher –, so zu tun, als würde ein aus der gleichen Produktion stammender nagelneuer Mercedes, nur weil er von einem Deutschen in Deutschland erstanden wurde, schneller, schöner, sparsamer, luxuriöser, haltbarer und fahrerfreundlicher sein als das von einem Österreicher gefahrene, vollkommen identische Pendant. Ganz sicher stammt diese Manövertechnik aus einer Zeit, als deutsche Urlauber tatsächlich die größeren und stärkeren Wagen besessen haben. Nun ist diese Zeit zwar vorbei, aber es gibt Wunden, die braucht man nur einmal schief anzuschauen, schon sind sie offen.

Was dem einen sein Mercedes ist, ist dem anderen sein Hochdeutsch. Der Deutsche ohne Mercedes, aber mit Intellekt, hat die Möglichkeit, sein österreichisches Gegenüber dadurch zu ärgern, indem er so tut, als wäre ein in Hochdeutsch vorgetragenes Argument richtiger als ein in Kärntnerisch oder Steirisch oder Wienerisch. Das ist ein Unsinn, den kein Deutscher wirklich glaubt, sehr wohl aber der Österreicher, zumindest umso weiter es nach Osten geht. Vielleicht hat auch dies alte Wurzeln. Gebildete Österreicher leiden unter dem Dialektvorwurf, unter ihrer Hochdeutschunfähigkeit. Sie mögen das überspielen, sich vernünftig geben, die Leistungen der großen österreichischen Denker ins Spiel bringen... dennoch, sie ärgern sich. Und indem sie sich ärgern und vor allem ihr Vorurteil vom überheblichen Hochdeutschler bestätigt finden, fühlen sie sich gleich viel besser.

Jedoch ist auch dies natürlich eine eher simple Methode, zudem ist es mit dem Hochdeutsch der meisten Deutschen auch nicht weit her. Hochdeutsch ist mehr ein Gerücht. Die, welche es anzuwenden meinen, sind Blender. Blender, die Österreicher blenden.

Am besten kann man den Österreicher vielleicht damit ärgern, ihn nicht als Österreicher wahrzunehmen, sondern als halben Deutschen oder ganzen Europäer oder als Missing link zwischen Ost und West oder doch als Teil der internationalen Gemeinschaft. Denn der Österreicher will mitnichten irgendwo dazugehören. Wenn er es tut, wenn er sich sogar mehrheitlich, wie im Falle der EU, dafür entscheidet, dann zähneknirschend und aus Gründen einer ökonomischen Vernunft. Österreich ist schweizerischer als die Schweiz. Und man kann sagen, daß sich viele Österreicher selten so gut gefühlt haben als zu der Zeit, da wegen der Nazivergangenheit des Bundespräsidenten Waldheim eine gewisse Ächtung Österreichs, zumindest seines Staatsoberhaupts, stattfand. Damals erblühte ein mehr als notgedrungenes Wir-sind-wir-Gefühl. Die isolierte Position entsprach genau dem Selbstverständnis der Österreicher, nach dem Österreich eine »Insel der Seligen« ist – ein Kulturland, in dem sogar die Teekannen reden können – und rundherum bloß öde Weiten stumpfsinnig machender Ozeane.

Also nochmals: Österreicher sind Umwege suchende Alpinisten und Insulaner. Wenn Sie sie ärgern wollen, weigern Sie sich einfach, dies anzuerkennen, und quasseln Sie von den Parallelen innerhalb der europäischen Kulturen.

Der Österreicher und das Theater (und das Theater an sich)

Der Fall Peymann oder Der Feind in meinem Bett

Es gibt Deutsche, die der Österreicher mag, und Deutsche, die er haßt.

Zu ersteren zählen natürlich die Touristen, nicht nur des Geldes wegen, welches sie im Land lassen. Man schätzt sie wirklich, sehr viel mehr als noch vor zwanzig Jahren, als sie mit einer gewissen Überheblichkeit auftraten und so taten, als könnten sie sich so gut wie alles unter den Fingernagel reißen. Heute aber scheint es, als hätte ausgerechnet die Wiedervereinigung den Deutschen ihre Großmannsucht ausgetrieben, als sei das Land mit seiner Vergrößerung geschrumpft. Als hätten die Deutschen einsehen müssen, daß sie auch nur Menschen sind, selbst wenn sie siebzehnjährig das Tennisturnier von Wimbledon gewonnen haben. Mit solchen »geschrumpften« Deutschen kann der Österreicher gut. Für sie macht er auch hin und wieder den Kasperl, trägt Lederhosen oder reinweiße Strickmützen, erfüllt Erwartungshaltungen wie die von der Gemütlichkeit und Urigkeit, zeigt sich aber mit dem neuen Selbstbewußtsein des in seiner vorteilhaften Kleinstaatlichkeit prosperierenden Kultur- und Naturmenschen.

Im neuen Europa fühlen sich die Österreicher als das »Reich der Mitte«. Und am liebsten lassen sie sich dabei vom deutschen Urlauber betrachten. Dies freilich ist eine alte Sache, daß Deutsche und Österreicher sich gerne in einem spiegelnden Verhältnis gegenüberstehen, den anderen beobachtend und von ihm beobachtet. Der andere ist der Spiegel, in den man schaut. Das heißt, man hält sich selbst für *wirklich*, und das, was man im Spiegel sieht, im geringsten Fall für ein seitenverkehrtes Abbild. Oder aber eine erschreckende Verdeutlichung. Oder eine mirakulöse Infamie (ganz im Sinne von »Spieglein, Spieglein an der Wand, wer ist…«). Oder man erlebt das Spiegelbild als eine willkommene Kompensation (à la Dorian Gray, was bei Österreichern bedeutet, daß immer die Deutschen die Nazis sind, sie selbst aber bloß »traditionell« und »volkstümlich«).

Zu den Deutschen nun, die die Österreicher hassen, gehören natürlich jene, welche hierherkommen, um eine führende Position zu übernehmen und den Einheimischen zu erklären, wo es langgeht. Das mag man in keiner Konstellation schätzen, aber im Falle eines Deutschen erscheint es besonders schlimm. Um noch einmal das Spiegelbeispiel zu bemühen: Mittels eines deutschen Vorgesetzten erkennt der Österreicher sich selbst als Monster. Und wer bitte schön möchte ein Monster sein?

Das mit Sicherheit berühmteste Monster dieser Art war der »Theatermacher« Claus Peymann, welcher 1986 das Wiener Burgtheater übernahm, jene kakanische Staatsbühne, in welcher seit jeher Schauspieler agieren, die eine österreichische Urkrankheit auf das Kunstvollste praktizieren: den Größenwahnsinn. Peymann wiederum ist der geborene Alleinherrscher. Von Anfang an war klar, daß etwas anderes als Krieg nicht in Frage kommen würde. Und bekanntermaßen fallen im Krieg alle Hemmungen, und der Mensch erweist sich als Bestie.

Bei alldem wirkte Claus Peymann zumindest in der ersten Kriegshälfte souverän, elegant, weltmännisch und unbesiegbar. Während nicht nur Teile der österreichischen Presse sowie die konservativen und sozialdemokratischen Vaterlandsverteidiger ausgesprochen hölzern, humorlos und spracharm auftraten, als schlechte Verlierer sowieso, sondern erstaunlicherweise auch die Schauspieler des Burgtheaters. Allen voran deren Ensemblesprecher Franz Morak, dem sodann eine typisch österreichische Karriere beschieden war. Der Mann war einst als Punkrocker tätig gewesen und hatte mit Liedern wie »Sieger sehen anders aus« den Austropop an seiner Peripherie nicht ungeschickt beackert. Als dann aber Peymann, mit Bochumer Theaterleuten bewaffnet, nach Wien kam, verwandelte sich Morak in eine Supermimose, einen gnomhaften Zornbinkel. Auch wenn natürlich so getan wurde, als diskutiere man Fragen der Theaterführung, Fragen der Kunst, der Stückewahl etc., so ging es, worum es immer in Österreich geht: den Erhalt von Privilegien. Um etwas Heiliges. Die Rechten sehen das Privileg als von Gott naturgegeben, die Linken als Kulturleistung. Das Privileg ist fundamental. Jedenfalls nichts, was man sich von einem dahergelaufenen RAF-Sympathisanten, der nicht einmal imstande war, das Wort »Chance« frankophon auszusprechen, so einfach wegnehmen ließ.

Und es war dann also der arme Franz Morak, der an vorderster Front gegen Peymann anzustürmen hatte, bis hin zur

Selbstverstümmelung, welche ihren perfekten Ausdruck darin fand, daß Morak nach Peymanns Weggang aus Wien als Kunststaatssekretär in die Regierung des ÖVP-Kanzlers Wolfgang Schüssel gelangte. Was für ein Lohn! Was für ein Hohn! In Österreich ist Komödie keine *dramatische* Gattung, sondern eine *bakterielle* – kein Stück, sondern ein Zustand. Diese Feststellung wiederum soll nicht als Witz oder Gleichnis verstanden werden. Mit Bakterien ist nicht zu scherzen (dies sei für jene gesagt, die vorhaben, längere Zeit nach Österreich zu gehen). Zwischen Peymanns Einzug in Wien und Moraks Gang in die Regierung lagen dreizehn Jahre, in denen der Kampf kaum eine Pause kannte. Neben Morak waren es vor allem Fritz Muliar (ein Mann, der immer nur Fritz Muliar spielt) und Erika Pluhar (eine auch im Alter wunderschöne Frau, aber auch sie eigentlich mehr eine Erscheinung als eine Schauspielerin), welche die Attacken gegen Peymann ritten. Wobei es in keiner Sekunde darum ging, Peymann von irgend etwas – etwa der Qualität der Alteingesessenen – zu überzeugen, sondern ihn aus dem Land zu jagen. Die Manöver führten so weit, daß bei den Vorstellungen die Platzanweiser dem Publikum vom Besuch des Theaters abrieten. Eine Welle der Solidarität ging durchs Land.

Und wenn zu Beginn dieser »Gebrauchsanweisung« gesagt worden war, Österreicher würden mit Vorliebe über Bücher reden, die sie nie gelesen haben, dann gilt dies für Theaterstücke in noch größerem Maße. Das ungesehene Theaterstück ist unvergleichlich interessanter, aufregender und diskussionswürdiger.

Um nun in solche Diskussionen etwas Konkretes einbauen zu können, gibt es die Presse, welche über die Stücke berichtet oder Auszüge aus einem Text veröffentlicht. In schönster

Weise erfolgte dies 1988, als Peymann – zielsicher wie so oft – das hundertjährige Bestehen der »Burg« dadurch feierte, Thomas Bernhards Stück *Heldenplatz* zur Uraufführung zu bringen. Noch vor der Premiere wurden einzelne Passagen unkommentiert zuerst im Wochenmagazin *Profil*, dann aber sehr wohl kommentiert in Österreichs Lieblingszeitung, der *unglaublichen Kronen Zeitung*, abgedruckt. (Ich empfehle dem Österreichurlauber ganz grundsätzlich, sich als erstes ein Exemplar der *Kronen Zeitung* zuzulegen. Er wird dann aufs schnellste und schmerzhafteste über den aktuellen politischen und gesellschaftlichen Meinungsstand in Kenntnis gesetzt. Die *Kronen Zeitung* ist nämlich keine Boulevardzeitung, sondern eine bitterernste Kampfschrift. Bitte nicht mit der BILD-Zeitung gleichsetzen. BILD ist gegen die *Kronen Zeitung* ein Satiremagazin.)

Und weil also eine solche Kampfschrift, war die *Kronen Zeitung* natürlich federführend am Krieg gegen Peymann beteiligt. Die in der *Kronen Zeitung* publizierten Bernhardschen Textausschnitte heizten die Stimmung beträchtlich an und gaben jedem einzelnen Österreicher die Möglichkeit, eine Vorkritik des Stückes zu entwickeln, bequem von zu Hause aus oder in einer Nische seines Wirtshauses oder Cafés verweilend. Man muß dabei erwähnen, daß Thomas Bernhard in dieser gleichzeitig frühen wie heißen Phase die Arbeit an seinem Stück noch gar nicht beendet hatte und die Art und Weise der Kritik an seiner Person quasi eine Bestätigung seines Dramas darstellte. Was nicht heißt, daß ganz Österreich wie ein Mann und eine Frau hinter der Ablehnung eines noch ungesehenen Bühnenwerks stand. Für die jüngeren Leute war dies eine aufregende, gute Sache und der »konservative« Bernhard ein Held des Wortes, der Apologet einer Anti-Haltung, die frei war von ideologischen Fußbädern.

Was bei alldem am typischsten scheint, ist, daß der Skandal im Vorfeld stattfand und daß mit der Premiere von *Heldenplatz* die Erregung deutlich abnahm. Man kann sagen, der Österreicher ist lieber schwanger, als es mit einem auf die Welt gekommenen Kind zu tun zu haben. Mit einem Kind muß man sich beschäftigen. Man muß in der Nacht aufstehen, Windeln wechseln, Milch wärmen … Der für Österreicher ideale Zustand im Hinblick auf ein umstrittenes Kunstwerk wäre jener ewiger Schwangerschaft. Woraus dann eine ewige Erregung resultieren könnte.

Der stärkste Aspekt in *Heldenplatz* ist nun sehr viel weniger die pointierte Qualifizierung Österreichs als einen Staat aus alten und neuen Nazis, sondern die Darstellung der österreichischen Sozialdemokraten als »Staatsverschacherer«. Da heißt es etwa in bezug auf die Gewerkschaftsführer: »… und sehen ihre Hauptaufgabe in skrupellosen Bankgeschäften …« Tatsächlich kann man sagen, daß die Geschichte der SPÖ seit der Kanzlerschaft des »Sonnenkönigs« Bruno Kreisky ein myzelartiges Gebilde der Skandale ist, Skandale, deren entscheidendes Merkmal die Nonchalance ist, mit der sie begangen wurden. Man kann sagen, SPÖler sind Skandalkünstler, keine Trickser wie anderswo, sondern Leute mit einem aristokratischen Selbstverständnis, die meinen, sich nur zu nehmen, was ihnen qua Abstammung zusteht. Thomas Bernhard war dank seines tiefgehenden Gefühls des Auserwähltseins eine der wenigen wirklich unabhängigen Autoren Österreichs, welcher sich erlaubte, jene Sozialistenclans anzugreifen, zu deren für Aristokraten ganz typischen Hobbys es gehörte und gehört, die Kunstschaffenden zu fördern und zu versorgen.

Im Ausland, vor allem natürlich in Deutschland, hat man fast immer nur die Bedrohung durch Gestalten wie Jörg Haider wahrgenommen, die prinzipielle Anfälligkeit der Österreicher für die rechten Abgründe festgestellt und selten erkannt, wie sehr das »Problem Haider« aus der immer unverschämteren Machtnahme der sozialistischen Aristokratie resultierte. Diese Aristokratie hat einige Schrammen und Niederlagen wegstecken müssen – und zwar im Stil beleidigter Generäle –, ist nun aber wieder ganz oben. Und ein Schelm, wer denkt, sie hätte etwas dazugelernt. Das Dazulernen ist sowieso unösterreichisch. Es gilt als unsportlich, defätistisch und stillos. Es ist etwas, was man gerne den Deutschen zuordnet. Die Deutschen sollen aus der Geschichte lernen, gleich Versuchstieren, die durch Bestrafung und Belohnung beim nächsten Mal einen besseren Weg aus dem Labyrinth finden. Die Österreicher aber sehen sich selbst als Labyrinth. Was also sollten sie lernen?

Bezeichnenderweise gehörten auch die Peymanngegner Fritz Muliar und Erika Pluhar dem Dunstkreis jener Genossen an, welchen es gelang, das Prinzip des Ornaments und das Prinzip des Privilegs zu verschmelzen. Pluhar war übrigens mit gleich drei bedeutenden Männern verheiratet beziehungsweise liiert. Mit Udo Proksch, André Heller und dem wunderbaren Schauspieler Peter Vogel, der sich 1978 das Leben nahm.

Vogel war der erste Major Adolf Kottan aus der Krimiserie *Kottan ermittelt*, diesem Geschenk des österreichischen Fernsehens an die deutschsprachige Welt. Der »Kottan« des Peter Vogel war noch nicht die pure Persiflage, noch frei von der rasanten Zellteilung rennender Gags, sondern ausgestattet mit der für diesen Schauspieler typischen Verbindung des Komischen mit dem Traurigen.

André Heller wiederum muß man als den Großmeister des Peinlichen ansehen, den Ruinierer der poetischen Phrase, wären da nicht die Wienerlieder, die er mit Helmut Qualtinger aufgenommen hat. Wenn die beiden kongenial »Bei mir sads olle im Oasch daham, im Oasch durt is eicher Adreß, bei mir sads olle im Oasch daham, und i bin dem Oasch sei Abszeß« vortragen, dann ist damit der präziseste Punkt des wienerischen Wesens getroffen, dessen Bösartigkeit von einem großen Schwung getragen ist, einer tänzerischen Qualität, einer walzerartigen Umlaufbahn und einer ironisch kunstvollen Selbstverliebtheit. Ein Leben als beschwingtes Abszeß.

Die unglaublichste Figur in diesem Drei-Buaberl-Haus der Erika Pluhar ist natürlich Udo Proksch, welcher ein absurdes Theater der Wirklichkeit schuf und mittels seiner realen Aktionen alles in den Schatten stellte, was andere sich bloß ausdenken. Daß er seine Kommandozentrale ausgerechnet in der traditionsreichen Hofzuckerbäckerei *Demel* einrichtete beziehungsweise darüber im *Club 45*, einer Loge für SPÖler und andere Aristokraten, zeigt seinen Hang zu grandiosen Inszenierungen. Wie auch sein »Verein der Senkrechtbegrabenen«, seine Ideen von der Notwendigkeit hyperrealistischer Kriegsspiele, seine Sprengübungen auf einem Tiroler Truppenübungsplatz, seine höchstpersönliche Vernetzung des Landes und vieler seiner Entscheidungsträger, eben ganz im Stile eines innovativen Zuckerbäckers, der eine Torte aus dem Ofen zaubert, die dann natürlich seinen eigenen Namen trägt. Eine ganze Weile war Österreich eine Torte namens Proksch. Dieser napoleonisch häßliche Mann spielte mit lebenden Puppen, mit Ministern und Bürgermeistern, ganz nach Belieben, ohne eigentlich viel mehr zu besitzen als seinen ungemeinen Charme, seinen Esprit und Witz, seine Erfindungsgabe und sein vollkommen ernstgemeintes Ich-darf-alles-was-ich-will.

Als dann aber der Frachter *Lucona* versank und sechs Seeleute starben und mit merkwürdiger Verspätung der Verdacht eines Versicherungsbetruges aufkam, begann die Torte zu bröckeln, entwichen die stabilisierenden Elemente, schmolz die schützende, umhüllende Glasur in der Hitze einer öffentlichen Debatte. Udo Proksch erwies sich aber auch in dieser schwierigen Situation als einfallsreich und stilbewußt, während seine SPÖ-Freunde peinliche Eiertänze aufführten. Proksch verließ das Land, ließ sich in Manila das Gesicht operieren und vollführte eine Flucht im Stil einer James-Bond-Parodie. Auch jetzt noch praktizierte er sein Prinzip vom *spielenden Mann*, dem die Wirklichkeit als Bühne dient, der eine Art umgekehrten Cyberspace schafft, indem er die reale Dreidimensionalität in eine illusionistische Zweidimensionalität verwandelt. (Das ist das österreichische Theaterprinzip. Vergessen Sie nie, sich dessen bewußt zu sein, wie sehr alles Faktische auf einem Schauspiel beruht.) Der Schluß seiner Flucht war noch ein letztes Stück fulminanter Komik. Proksch verhielt sich wie ein Junge, dessen Mitspieler unfähig sind, ihn einzufangen, und welcher sich schließlich zu einer großzügigen Geste entscheidet, sein Räuberversteck verläßt und sich von den »Gendarmen« erwischen läßt. Und zwar in einer Weise, daß die etwas naiven Fänger sich einreden können, dies sei ihre eigene Leistung gewesen. – Proksch ließ sich also gefangennehmen und kehrte nach Österreich zurück.

Der Rest war dann nicht mehr so amüsant. Ganz Österreich hatte sich dafür entschieden, den ehemaligen Brillendesigner, Konditoreibesitzer und Logenbetreiber zum Bauernopfer zu machen. Was auch immer Udo Proksch getan hatte, bewiesen wurde gar nichts. Die Nation lebte jedoch in dem Gefühl, sich mittels der Dämonisierung und Verurteilung eines einzelnen reinwaschen zu können. Vor allem die involvierten Sozialdemokraten nutzten diese Möglichkeit, jene Kurve zu kratzen, in welcher Proksch mit dem ganzen Schlamassel alleine zurückblieb. Seine lebenslängliche Verurteilung wegen sechsfachen Mordes war eine Farce, ein schlechtes Stück, weil es eben nicht von ihm geschrieben war, sondern aus einer Not der Nation heraus. – Sechs Tote sind kein Spaß. Und ebensowenig ein Prozeß, dessen Ausgang auf Wunschdenken basiert.

Zu den Mitgliedern im »Verein der Senkrechtbegrabenen« gehörten auch Helmut Zilk, der vom Fernsehmoderator zum sozialistischen Bürgermeister von Wien aufstieg (wobei er diese beiden Professionen gerne miteinander verwechselte), sowie der bereits erwähnte Helmut Qualtinger, dessen Darstellung des opportunistischen *Herrn Karl* zum Prototypen des Österreichers schlechthin geriet. So berühmt diese Figur auch ist, würde ich noch mehr Qualtingers Fernsehinterpretation von Karl Kraus' *Die letzten Tage der Menschheit* empfehlen sowie die beiden Kriminalfilme *Mann im Schatten* (1961) und *Kurzer Prozeß* (1969), vor allem aber Qualtingers Darstellung des Fleischermeisters Oskar in der ersten Verfilmung von Ödön von Horváths *Geschichten aus dem Wiener Wald* aus dem Jahre 1964. Auch wenn dies nur eine Nebenrolle ist, so kenne ich nichts, was einen mehr erschaudern läßt, als der Augenblick, da der stiernackige Oskar seiner Ex-Verlobten, der von Johanna Matz frei von jeglicher Bodenhaftung gespielten Marianne, erklärt: »Du wirst meiner Liebe nicht entgehen.« Dieser mit brachialer Weinerlichkeit vorgetragene Vampirismus greift tiefer in das Wesen des Österreichers als der angepaßte, im Grunde heitere Herr Karl, der wohl eher die kritische Sichtweise vom Österreicher als einem latenten Halbnazi erfüllt. Qualtingers Oskar aber ist echt und fürchterlich und unerschütterlich. Es war Qualtingers unverwechselbare

Kunst, solche monströsen Gestalten (nicht zuletzt den Adolf Hitler, der *Mein Kampf* geschrieben hat) mit einer Materialität auszustatten, die das Monstrum als alltäglich erscheinen ließ. Und genau das ist ja der Fall. Das unterscheidet Qualtinger von anderen Schauspielern, die aus allem etwas Besonderes machen wollen, etwas verkörpern, was gar nicht da ist.

Eher abzuraten ist jedoch von den berühmten Kooperationen von Qualtinger mit dem virtuos selbstherrlichen Oscar Bronner, dessen Nur-ich-weiß-was-gut-ist-Radiosendung den schönen Titel »Musik für Fortgeschrittene« trug. Schlager wie »Der g'schupfte Ferdl« oder »Der Papa wird's schon richten« sind banal und ihrer Entstehungszeit verhaftet. Da sollte man viel eher zu Qualtingers *Schwarzen Liedern* greifen, die nach Gedichten von H. C. Artmann und Gerhard Rühm entstanden sind.

Helmut Qualtinger gab seinem Sohn den Namen Christian Heimito. Jawohl, das bezieht sich auf den Schriftsteller Heimito von Doderer, den Autor der gigantomanischen Romane *Die Strudlhofstiege* und *Die Dämonen* und des surreal verschlungenen Wut- und Familienepos *Die Merowinger.* Doderer kannte Qualtingers Vater von der Luftwaffe her, und im Unterschied zu diesem erfaßte er früh Qualtingers Genie und wurde dessen väterlicher Freund. Doderer freilich stand für das alte Österreich, für eine im Grunde apolitische Vornehmheit besserer Leute, deren Liebäugeln mit dem Nationalsozialismus sie selbst als ein bedauerliches Mißverständnis interpretierten – man könnte von einem Paula-Wessely-Syndrom sprechen, einer Verträumtheit des Geistes. Jedenfalls verdanken wir Doderer den »totalen Roman« und den deutlichen Beweis, daß auch schlechte Menschen gute Bücher schreiben können. Und wir verdanken ihm die ebenfalls bei Musil erkennbare Kunst, riesige Romane über die Sexualität zu schreiben, ohne diese Sexualität auch nur einmal zu berühren.

So spät Doderer zu seinem Erfolg kam (er sprach von einer Torte, nach der er sich immer gesehnt habe und die er nun, nachdem er sie endlich erhalten habe, nicht mehr imstande sei zu verzehren), so dominant war dann seine Position in den späten fünfziger Jahren und bis zu seinem Lebensende 1966. Thomas Bernhard soll anläßlich der Nachricht vom Tod Doderers erleichtert ausgerufen haben, nun sei endlich die Bahn für ihn frei. Denn Bernhards Österreich-Aversion war natürlich verbunden mit einem kindhaften Bedürfnis nach »familiärer« Anerkennung, die er dann auch reichlich bekam. Aber so wie Doderer seine Torte zu spät erhielt, um sie noch genießen zu können, waren die Torten, die Bernhard einstreifte, immer irgendwie vergiftet. Um es einmal so zu sagen: Bernhard hat bei aller Berühmtheit nie einen gut genährten Eindruck hinterlassen.

Es heißt übrigens, Bernhards Stück *Der Theatermacher* sei vom unglücklichen Auftreten Oskar Werners beeinflußt worden, diesem herrlichen Schauspieler, dessen Rezitationen angeblich Mädels aller Alterklassen feuchte Höschen bescherten (vielleicht aber auch den Buben aller Altersklassen). Leider jedoch hielt sich Werner zudem für einen genialen Trinker und einen genialen Dramaturgen, was er beides nicht war. Auch trinken muß man können. Es ist ein klassisches austriakisches Phänomen, daß viele Menschen meinen, versierte Trinker zu sein, sich aber als bloße Dilettanten erweisen. Qualtinger hingegen konnte trinken, seine Vorträge in alkoholisiertem Zustand waren einmalig. Umgebracht hat ihn das Zeug freilich trotzdem. Organe sind Ignoranten.

Hin und wieder soff Oskar Werner auch mit Udo Proksch,

aber das heißt in diesem Land nicht viel. Ich könnte sofort fünf vollkommen unbedeutende Menschen nennen, die behaupten, mit Helmut Qualtinger nächtelang durchgezecht zu haben. Wobei wahrscheinlich in den siebziger und achtziger Jahren eine Menge Leute herumgelaufen sind, die behauptet haben, Helmut Qualtinger zu sein. So wie dann später viele Menschen vorgegeben haben, Falco zu sein. Das Doppelgängertum ist ebenfalls so eine österreichische Spezialität, die naturgemäß zu einigen Verwirrungen führt und auch dazu, daß so mancher Berühmtheit nichts anderes übrigbleibt, als sich zu nie verübten Untaten zu bekennen. Man kann natürlich auch versuchen zu leugnen, aber das ist nicht wirklich sinnvoll. Wenn Sie also beim Wiener Heurigen, in einer Kitzbüheler Schihütte oder in einem Klagenfurter Seecafé einen berühmten Österreicher treffen, seien Sie skeptisch. Oder nehmen Sie's mit Humor.

Der angesprochene Falco ist ganz sicher der wichtigste österreichische Sängerstar am Ende des zwanzigsten Jahrhunderts gewesen. Ihm fehlte jener unangenehme aufklärerische Pathos, der Leuten wie Danzer, Ambros oder dem Ostbahn-Kurti eigen war oder ist. Falcos kapriziöser, hochartifizieller Sprechgesang, seine kokette Pose, seine Betonung des »Ornaments«, sein spielerischer Umgang mit dem Kitsch und dem Klischee, seine Selbststilisierung als Kunst- und Kultfigur (und nicht wie bei den anderen als Weltretter und lässiger Gutmensch) machten ihn zum funkelnden Solitär. Seine Lässigkeit brauchte das Gute nicht. Er war ganz Entertainer, ein moderner österreichischer Dean Martin. Eben auch im Unterschied zu dem Zeigefinger-Punkrocker Franz Morak. Der »Zeigefinger« ist eine traurige Erscheinung des Austropops, Ausdruck einer sozialdemokratischen Bildungspolitik, die sich »linke Künstler« wünscht, so wie man sich Schokolade wünscht, die in der Hand nicht zergeht, oder Knoblauch in Pillenform, damit man nachher nicht stinkt. Gerade Falcos unpolitische, gleichzeitig populäre wie privatistische Haltung – nicht zuletzt auch sein internationaler Erfolg, seine undiskutierbare Bedeutung – ermöglichten ihm die Mißachtung der obligaten Zeigefingerverpflichtung für österreichische Popmusiker. Sein Liebäugeln mit dem »Rockstar« Mozart erscheint mir dabei mehr als ein purer Gag. Wie auch Thomas Bernhard suchte Falco nach größtmöglicher Autarkie im Rahmen größtmöglichen Erfolges. Und da paßte das neue Mozartbild ausgezeichnet.

Dessen Wandlung gehört sicher zu den interessantesten Entwicklungsgeschichten der österreichischen Kulturrepräsentation (neben der Evolution des Schubertbildes und den diversen Anschauungen über den Justamentösterreicher Beethoven). Mozart stand lange Zeit für das, was Klein- und Großbürger wohl als »gottgefällige« Musik angesehen haben, als vertonten Ausdruck einer Demut, in der aber die katholische Lebenslust äußerst bequem und beinfrei (wenn schon nicht kopffrei) einsitzt. Der Höhepunkt dieses von einer Mozartkugel trabantenartig umkreisten romantischen Mozartbildes findet – wie alle romantischen Bilder – seinen optimalen Ausdruck in der Filmkunst der neunzehnfünfziger Jahre, in der Produktion *Mozart – Reich mir die Hand, mein Leben* (natürlich spielt Oskar Werner den Mozart, und natürlich spielt Johanna Matz die Konstanze). Wenn wir die fünfziger Jahre nicht hätten, wüßten wir nicht, wie rein und unschuldig und frei von einer bedrängenden Sexualität die Welt sein kann. Man sollte aufhören, die fünfziger Jahre als beispiellos verkitscht zu diffamieren. Diese Zeit mag voll von Lügen gewesen sein, richtig. Aber ist es nicht so, daß man sich einige dieser Lügen gerne zurückwünscht? Statt der Lügen, mit denen wir es heutzutage zu tun haben.

Nach Oskar Werners silbriger Mozartdarstellung folgte die aufklärerische, nach Fakten schürfende Phase der intellektuellen Besserwisser, die aber vor allem herausfanden, wie Mozart *nicht* gewesen sein kann und wie man seine Musik *nicht* auffassen darf. – Und dann also, als auch die linken Soziologen bereits Diskotheken besuchten, betrat der Rockstar-Mozart die Bühne, diese Mischung aus David Bowie und Mick Jagger und einer kräftigen Prise John Travolta. Entscheidend für eine derartige Neuorientierung war sicherlich der Milos-Forman-Film *Amadeus* von 1984, in dem Tom Hulce den Mozart als schrill-charmantes »Springinkerl« interpretiert, gegen den Schluß hin jedoch eine Dunkelheit entwickelt, die vom Punkrockimage nur noch das Schicksal eines Sid Vicious übrigläßt. Daß dieser Film sich weniger auf die Historie als auf ein Theaterstück bezieht, konnte nichts daran ändern, daß vor allem das jüngere Publikum sich diesen Mozart mit pompöser Perücke, durchdringendem Gelächter und spitzbübischer Mißachtung der Autoritäten gerne als wahrhaftig vorstellte. Und es hat ja auch etwas für sich, wenn der von F. Murray Abraham gespielte Salieri zunächst erschrocken erkennen muß, daß Gott ausgerechnet einen obszönen Jungen ausgewählt hat, himmlische Klänge hörbar zu machen, um aber auch zu konstatieren: »Das war nie und nimmer die Musik eines dressierten Affen.« (Ich möchte tatsächlich behaupten, daß der Österreicher als Katholik sehr viel mehr als irgendein deutscher Christ die Ungerechtigkeit des Herrn akzeptiert. Natürlich nicht als Ausdruck eines Sadismus, sondern als etwas Raffiniertes und Delikates. Der Österreicher denkt sich Gott nicht als einen Moralisten, sondern als einen Ästheten. Und es ist natürlich sehr viel ästhetischer, einen frechen Lausbuben zum Genie zu machen als einen frommen Schulmeister. Das wiederum führt dazu, daß Österreicher ihren Lausbübereien gerne eine genialische Note unterschieben und sie solcherart sowohl bedeutungsvoll erscheinen lassen, als auch von einer höheren Instanz gewollt, wenn nicht sogar initiiert.)

Diese gewisse »fröhliche Frechheit« hat Falco in optimaler Weise zum Ausdruck gebracht, und sein »Rock me Amadeus« ist mehr als eine Anbiederung an die Berühmtheit eines zur Schokoladekugel komprimierten Jahrtausendkünstlers. Ja, während die Besserwisser ständig bemüht waren und sind, Mozart aus dieser Kugel zu befreien, hat Falco diese Kugel einfach riesenhaft aufgeblasen und also genügend Platz in und auf dieser Kugel geschaffen – was einen guten Weg darstellt, weil gegen Schokolade ja grundsätzlich nichts einzuwenden ist.

Sehr viel unbekannter ist da Falcos erster Hit, den ich Interessierten gerne ans Herz lege, ein echtes Frühwerk, in dem alles steckt, was später kommt, *weißer* Rap, hell und leicht und süß und amüsant, auch wenn's um Drogen geht. Das Lied heißt »Ganz Wien« und entstand unter Mitwirkung einer Meisterformation des Zeigefingers, der Anarcho-Band *Drahdiwaberl*. Wie bei Erstlingswerken üblich, besitzt diese Komposition ein flaumiges Federkleid, ein kükenhaftes Wesen und die unschuldige Ausgelassenheit einer Kindergartenparty.

Erwähnt sei zuletzt auch, daß Falco, als er noch nicht Falco war (wobei man sich das schwer vorstellen kann, sowenig man sich vorstellen kann, daß Mozart irgendwann nicht Mozart war und irgendwann kein Komponist), daß der »Präfalke« also zumindest als Schauspieler einen Musiker verkörperte, einen Bassisten. Und zwar in einer Szene aus *Kottan ermittelt*, was ja nie und nimmer ein Zufall sein kann.

Diese Serie steht bis heute für das Österreichische an sich, und zwar als ein Ausdruck des Unwirklichen sowie der Wiederholung des Unwirklichen, solange, bis es als das Normale erscheint. Die Wiederholung ist ganz wesentlich. So ist es auch bezeichnend, daß gerade die Sprachkunst des Thomas Bernhard auf formvollendeten Repetitionen beruht. Im Falle der Kottan-Serie steht die immer wiederkehrende und sich steigernde *Präsenz* gewisser Elemente – etwa die Selbstverletzungen des Polizeipräsidenten und sein Kampf mit einem ungnädigen Kaffeeautomaten – für die in diesem Land üblichen Drehbewegungen, wie wir sie beim Landler und bei dem aus dem Landler geborenen Walzer vorfinden.

Ein Sinn dieser Tänze ist der, daß einem – nach und nach – schwindelig werden soll, nicht aber um der Übelkeit willen (wie die Feinde dieser Tänze meinen), sondern um die Übelkeit zu überwinden und den Rausch der Gewöhnung zu erleben. Einmal an den »Kottan« gewöhnt, an die dahinrasenden Topoi, wird man süchtig danach. Die Beendigung dieser Serie mündete quasi in eine Entziehungskur der Fernsehzuschauer. Aber Entziehungskuren sind mitnichten eine Spezialität der Österreicher.

Neben dem Wunder des »Kottans«, ist es sicherlich die von Felix Mitterer verfaßte *Piefke-Saga*, welche im deutschsprachigen Fernsehausland das Bild des Österreichers geprägt hat. Hier sind es die Bergmenschen, die alpinen, dem Tourismus und auf brutale Weise der Natur verpflichteten Charaktere. Die Abhängigkeit großer Teile des Landes von der Bewirtung ausländischer Gäste (wobei in dieser Konstellation auch der Wiener und jeder Flachländer zum Ausländer wird) führt unweigerlich – wie überall auf der Welt – zu unterdrückten oder offenen Ressentiments gegen den Gast. Der ja nicht wirklich ein Gast ist, sondern ein »Benutzer« und »Ausnutzer«.

Die Landschaft und die Kultur verschandeln sich die Gastgeber natürlich schon selbst und die Österreicher mit ganz besonderem Eifer. Es herrscht seit langem eine unbedingte Unterwerfung unter die touristischen Ambitionen, welche stark utopische Züge tragen. Wäre es irgendwie möglich, würde man aus dem ganzen Land eine einzige Schischaukel machen. Diese Unterwerfung macht stolz (weil die Zahlen stimmen) und macht wütend (weil die »stimmenden Zahlen« so hart erkauft werden und man ungern als ein in Trachten geschweißter zentraleuropäischer Yeti dasteht). Wenn sich ein beliebter Musiker als *DJ Ötzi* verkauft, sich also nach einem Urmenschen benennt, dann hat dies eine bittere Note. Sieht so das Ende einer genetischen Entwicklung aus?

Am Anfang dieses Kapitels wurde bereits erwähnt, wie sehr Österreicher und Deutsche in einem Spiegelverhältnis leben und sich folgerichtig sehr nahe kommen. Das ist das Thema der *Piefke-Saga*, diese Nähe, dieses Herantreten an den Spiegel, um verwundert festzustellen, daß mit dem eigenen Gesicht etwas nicht stimmen kann.

Der diffamierende Begriff »Piefke« ist der Arroganz, der D-Mark-Überheblichkeit der Deutschen zugedacht. Nun aber ist die D-Mark so futsch wie der Schilling, der sich immer an sie geklammert hat, und wir haben uns an Geldscheine gewöhnt, die sich wie das Falschgeld von Amateurgaunern anfühlen. Gleichwohl bleibt der Spiegel bestehen. Der Begriff »Piefke« hat allerdings seine energische Bedeutung eingebüßt, eher ist er ein Zitat, eine Erinnerung an Zeiten, als es noch echte Piefkes gab, die die größeren Autos besaßen und die größeren Klappen.

Freilich darf man die Bedeutung solcher Reminiszenzen nicht unterschätzen. Die Österreicher werden nie ganz aufhören, sich den Deutschen unterlegen zu fühlen und diese Unterlegenheit dadurch zu kompensieren, daß sie sich für die besseren Menschen halten. Eine Strategie, die auch recht gerne beim Fußball zur Anwendung kommt. Oft scheint es, als seien die Österreicher geradezu stolz auf den schlechten Zustand ihres Fußballs, als wäre Erfolg im Fußball etwas Verdächtiges. Als würde zwar ein Fußballgott existieren, ein höchstwahrscheinlich bestechlicher Geselle, sich jedoch der wirkliche Gott mit Abscheu von lautstarken Triumphen abwenden. Der Österreicher sagt sich: Der bessere Mensch spielt den schlechteren Fußball.

Den Bürgermeister und Hotelier in der *Piefke-Saga* verkörperte der geborene Tiroler Kurt Weinzierl, welcher auch – wen wundert's? – dem bereits erwähnten Polizeipräsidenten Pilch in *Kottan ermittelt* seine Stimme und Gestalt gab. Dieser Pilch driftet von Serie zu Serie stärker in einen geisteskranken Zustand ab, entwickelt ein paranoides Verhältnis zu Stubenfliegen und Kaffeeautomaten und führt schließlich ein autistisches, von Größenwahnsinn geprägtes Präsidentendasein. Dies scheint wie ein Gleichnis auf die österreichische Bürokratie, die ich an dieser Stelle zwar nicht als geisteskrank einstufen möchte, aber als ausgesprochen hermetisch, undurchdringbar, unverstehbar sowieso, nicht ohne intimen Witz, nicht ohne großartige Gestalten, aber ausgesprochen labyrinthisch, kafkaesk, lange bevor es den Begriff gab.

Die österreichische Bürokratie erweist sich dem Antragsteller gegenüber weniger als bösartig denn desinteressiert. Sie verfolgt die Leute nicht, sondern läßt sie im Stich. Das ist ein Unterschied. Ich selbst habe höchst bemerkenswerte Erfahrungen gemacht, indem ich eine deutsche Staatsbürgerin in Wien heiratete. Dazu war die Besorgung diverser amtlicher Bescheide notwendig, was aber gar nicht so sehr bedeutete, den üblichen Weg von Pontius zu Pilatus zu laufen, der ja ein langer, aber im Grunde gerader Weg ist, sondern einen schnörkeligen, wendungsreichen, einen *amöbalen* Weg zu gehen. Denn auch für den Umgang mit der österreichischen Bürokratie gilt, daß man, wenn man erfolgreich sein will, der Spur des Ornaments folgen muß, den Kurven und Spiralen, den Pünktchen und Strichchen, den Blümchen und Tierchen und vielen unlogischen Verästelungen. Die Logik hat hier nichts verloren.

Ich kann mir nicht vorstellen, daß es viel schlimmer gewesen wäre, wenn ich eine Klingonin, Romulanerin oder gar eine Osteuropäerin hätte ehelichen wollen. Anläßlich einer besonders schwierigen behördlichen Komplikation fragte mich der zuständige Beamte vorwurfsvoll (und zwar allen Ernstes), ob ich denn meine, es gebe keine achtbaren, hübschen österreichischen Frauen, und ich darum also eine Deutsche heiraten müsse. – Der Dichter Bauernfeld drückt es so aus: »Zittre, du großes Österreich, vor deinen kleinen Beamten!«

Natürlich könnte ich noch lange in diesem stammbaumartigen Strudel eines Wer-mit-wem-und-wann-und-wo verbleiben, möchte aber nur noch erwähnen, daß aus der Serie *Kottan ermittelt* eine Musikgruppe namens *Kottans Kapelle* hervorgegangen ist, die zusammen mit dem Córdoba-Helden Hans Krankl den Hit »Rostige Flügel« landete. Es ist das Prinzip des »österreichischen Helden«, wie eine kleine Überraschungsfigur an den unterschiedlichsten Stellen aufzutauchen und in die Höhe zu schnellen. Arnold Schwarzeneggers

Erscheinen in der Zukunft (Terminator) sowie seine Zeitreise zurück in die amerikanische Wirklichkeit (Gouverneur) gelten vom österreichischen Standpunkt aus als ein schlichtes Zauberkunststück, nicht mehr und nicht weniger, nichts, was einen wirklich aufzuregen bräuchte.

Ergänzt sei auch noch, daß der *Piefke-Saga*-Autor Felix Mitterer ein Stück mit dem Titel *Sibirien* schrieb, in welchem Fritz Muliar spielte, und zwar unter der Regie von Franz Morak, welcher 1988 – im *Heldenplatz*-Jahr – den Albin-Skoda-Ring erhielt, welchen man in diesem Fall wohl eher Anti-Peymann-Ring hätte nennen sollen.

So sind wir also wieder bei dem unbeliebtesten Deutschen aller Zeiten angekommen, dem die Österreicher allerdings das so überaus wichtige psychotherapeutische Mittel der Erregung verdankten, außerdem die nötige organisatorische Modernisierung des Burgtheaters, die Verjüngung des Publikums, eine große Anzahl wichtiger Uraufführungen sowie – man muß das so sagen! – die Kaltstellung einiger Staatsschauspieler, deren eigentliche Bedeutung nicht künstlerischer, sondern gesellschaftlicher Natur gewesen war.

Freilich muß auch bemerkt werden, daß Peymann gegen Ende seiner Amtszeit in Interviews den Eindruck leichter Verschrobenheit und einer Ichbezogenheit im Stil des Präsidenten Pilch hinterließ. Es schien so zu sein, als wären dreizehn Jahre Österreich auch an diesem Theatertitanen nicht spurlos vorübergegangen. Sein anfangs so schillernder Hochmut wirkte nun perforiert von einer zynischen Traurigkeit. Sein Abschied war vergleichsweise unspektakulär. Im Grunde wollte er ja bleiben, wie die meisten Leute, wenn sie zu lange in Wien weilen und praktisch so wienvergiftet sind, daß sie sich davor fürchten, mit ihrer Wienvergiftung anderswo nicht atmen zu können. Anderswo in viel zuviel guter Luft zu ersticken. Ja, Peymanns Ankündigungen, Wien verlassen zu wollen, waren in keiner Weise ernst gemeint gewesen. Gleich einem Liebenden, der, um eine bestimmte Frau zu heiraten, sich paradoxerweise vorher von ihr scheiden lassen möchte.

Bedauerlicherweise besaß Österreich – in Gestalt eines weiteren sozialistischen Bundeskanzlers – nicht die Größe, die ungeschickt vorgetragenen Avancen Peymanns zu erwidern und diesem verdienstvollen Mann die Staatsbürgerschaft anzubieten, ihm erneut das Burgtheater zu offerieren oder vielleicht auch ein Ministeramt, anstatt ihn praktisch in die Wüste zu schicken oder wie man dieses neue Berlin auch immer bezeichnen möchte.

Thomas Bernhard verstarb nur ein Jahr nach den Querelen um sein Stück *Heldenplatz*, und ich weiß nicht, wer alles bei der Nachricht von *seinem* Tod erleichtert ausgerufen hat, jetzt sei endlich die Bahn frei.

Der Theatermacher Peymann lebt nun schon seit einiger Zeit fern von Wien, in einer Welt, die lange nicht so komisch ist wie die österreichische, lange nicht so dramatisch und so bühnenartig. Das ist schade, denn so deutsch und protestantisch Peymanns Wesen anmutet, so gut paßt er nach Österreich. Er ist der beste Spiegel, den wir je hatten. Man sollte ihn zurückholen.

Der Österreicher und der Fußball

Das traurigste Kapitel überhaupt

Es ist lange her. Aber wie die meisten Dinge, die aus einer Schatzkiste stammen, besitzt es einen ewigen, einen unvergänglichen Glanz. Ja, der Glanz steigert sich noch durch das Elend der Gegenwart. Dabei ist es sicher nicht so, daß jeder Blick in die Vergangenheit einer Täuschung unterliegt und man alles heller und funkelnder sieht, als es je war. Mitunter war der Schnee von gestern tatsächlich weißer als der von heute, mal abgesehen davon, daß heute der Schnee oft ausbleibt.

Es gibt Maler, die malen der Einfachheit halber Bilder. Und es gibt Maler, wie van Gogh einer war, die produzieren einen vollkommen eigenständigen, mit extremer Energie angereicherten Raum. So ist es auch mit Fußballern. Manche schießen einfach Tore, weil darin ein Ziel des Spiels besteht, andere aber erzeugen mittels der Art und Weise ihres Torschusses einen solchen hochenergetischen Raum, einen Raum, in dem die Zeit stehenbleibt, in dem sie kristallisiert. Woraus sich dann eine Erinnerung ergibt, die nie an Farbe verliert, nie vergilbt, nie den Eindruck aufkommen läßt, man hätte sich das alles nur eingebildet.

Ich war siebzehn, als ich im Juni 1978 vor dem elterlichen Fernseher saß – und zwar bereits am Boden, weil die Form des Sessels dem Aufgeregtsein des Menschen widerspricht –, als im Weltmeisterschaftsspiel Deutschland gegen Österreich der Stürmer des SK Rapid Wien, seine Heiligkeit Hans Krankl, einen solchen in sich abgeschlossenen, die Zeit einfrierenden Raum schuf. Nicht, weil er das 3 : 2 für Österreich schoß und damit nach 47 Jahren endlich einen Sieg über den meist übermächtigen Nachbarn garantierte. Es gibt Siege, auch nach 47 Jahren, die sind keinen Groschen wert. Es gibt Tore, die ein Spiel entscheiden, aber nicht die Welt verändern – das übliche Gestocher im Strafraum, hingehaltene Köpfe, Rasenschachmanöver, südamerikanische Illusionistentricks, nicht zuletzt Weitschüsse, die, wenn sie noch so schön ins Kreuzeck passen, den Geschmack einer puren Verzweiflungstat besitzen.

Nichts davon geschah in dieser 88. Minute in Córdoba, als Krankl, der spätere »Goleador«, in den deutschen Strafraum eindrang, als würde er über Wasser laufen, als würde er nicht Gegner überspielen, sondern bloß Booten ausweichen, Bötchen, die da auf dem Wasser trieben. – Man kann natürlich ganz unterschiedliche Assoziationen entwickeln, aber es war mit Sicherheit diese ungemeine Leichtigkeit seiner Bewegung, die bis heute verzaubert. Als hätte Krankl einen seit Ewigkeiten bestehenden Plan erfüllt. Und so mag der Österreicher das ja auch gerne sehen, daß in dieser 88. Minute sich eine göttliche Fügung vollzog, um der Welt zu zeigen, worauf es im Leben ankommt: auf den richtigen Moment, nicht auf die Masse von Siegen und Weltmeistertiteln und unzähligen

Triumphen, sondern auf die magische Singularität eines Augenblicks.

Das berühmt-berüchtigte Geschrei des Reporters Edi Finger im österreichischen Radio stellt da eher eine peinliche Entgleisung dar. Als würde man während einer Predigt zu lachen anfangen. Edi Fingers verbaler Ohnmachtsanfall konterkariert die eigentliche Schönheit und Würde von Krankls Sturmlauf und Torschuß. Aber wie auch immer, dieses Spiel hat im österreichischen Bewußtsein einen Markstein gesetzt (etwa in der Art des außerirdischen Solitärs aus *Odyssee 2001*). Ein Markstein, der nicht nur unvergessen bleibt, sondern eine Strahlkraft besitzt, die jede alte und jede neue Schmach verdeckt. Und seither hat es leider einiges zu verdecken gegeben.

Der deutsche Betrachter wird nun vielleicht meinen, man könne doch nicht ewig von einer bestimmten Sache zehren. Nun, ewig vielleicht nicht. Aber was sind ein paar Jahrzehnte für ein Fußballand wie Österreich? Der oft zitierte Schlendrian, der für so viele Bereiche gar nicht gilt, hier gilt er. Und dies hängt ganz unmittelbar mit einer österreichischen Spezialität zusammen, dem Funktionärswesen. Der Funktionär ist eine eigene Rasse. Es ist zunächst einmal natürlich auch Österreicher (und nicht eingeschleuster Marsianer, wie Verschwörungstheoretiker behaupten), gehört aber zur gleichen Familie wie die bereits erwähnten sprechenden Teekannen. Er ist prinzipiell *ominös*.

Keine Frage, die Umtriebe des Funktionärswesens bestehen überall in der Welt. Doch auch hier gilt erneut, daß die Unterschiede größer sind, als man denken sollte. Der österreichische Funktionär besitzt eine vampirartige Mentalität. Er saugt die Dinge und Personen aus, um sie gleich darauf wieder aufzupäppeln. Solcherart entsteht ein Hin und Her aus Ausbeutung und Aufzucht. Was bei den Sportlern ein Pendeln zwischen Blutarmut und Blutüberschuß ergibt. Es ist wie in einer richtigen Familie, wo auf den Streit die Versöhnung folgt, ein Spannungsfeld zwischen Geschrei und Geschmuse. Und man sich ja vorstellen kann, was dies bei einer Familie mit elf und mehr Kindern für ein Durcheinander ergibt.

Der Funktionär versteht sich als Vater und somit als Oberhaupt der Familie. Seine eigentliche Aufgabe ist da weniger von Bedeutung. Auch seine mögliche Inkompetenz. Zum Vater ist man geboren, dazu braucht man keine Ausbildung in Pädagogik. Da nun aber unglücklicherweise ein Fußballverein über einen ganzen Haufen von Funktionären verfügt, die ja alle ihr Blut brauchen, ist die Belastung für den einzelnen Spieler, und sei er noch sehr ein Profi, beträchtlich. Auch Profis leiden.

In Österreich existiert der Begriff des »schlamperten Genies«, also eines seine Gabe nachlässig einsetzenden Menschen. Das schlamperte Genie ist vor allem im österreichischen Fußball häufig anzutreffen, ich denke jedoch, daß diese Nachlässigkeit auf eine Müdigkeit der Spieler angesichts der Interventionen der Funktionäre zurückzuführen ist. Eine Müdigkeit, die in gleicher Weise das Publikum erfaßt hat. Es ist in den Stadien eine somnambule Stimmung zu spüren, ein schwermütiges Dahingleiten wie in einem Traum, den man nicht versteht, der weder richtig schön noch richtig schrecklich ist. Und der schon viel zu lange dauert. Natürlich gibt es auch die lautstarken Fans, ja es gibt sogar Randale, aber sie resultieren eher aus einer Verwirrung der Gefühle als aus konkreter Wut über die deprimierenden Zustände.

Ganz anders ist das natürlich beim Schifahren, dem Volkssport der Österreicher, wo Klischee und Wirklichkeit in idealer

Weise ineinanderfließen. Der Österreicher firmiert ja nicht nur als Kulturmensch, sondern ebenso als Schimensch (einmal abgesehen von den als träge, auf eine dubiose Weise vergeistigt und freudianisch verseucht geltenden Wienern). Ein Land, in dem schon die Kleinsten auf den Bretteln stehen und die Hügel und Berge abwärtsrasen. Das ist ein wichtiger Punkt, diese Konditionierung der Jüngsten, nicht bloß aus einer Wer-sich-früht-übt-Philosophie heraus, sondern weil dies ein symbolischer Akt ist. *Diese* Bretter sind es, die die Welt bedeuten. Für einen Insulaner ist es nämlich gleichgültig, ob es Gegenden auf der Erde gibt, wo es niemals schneit. Am Mond schneit es auch nicht.

Das Kind lernt, den Schnee und die Bewegung auf ihm als fundamental zu erkennen. Jedoch nicht in dem Sinn – wie das vielleicht für einen Skandinavier oder Grönländer gilt –, um sich von einem Punkt zu einem anderen zu begeben und dabei schwierige Wegstrecken zu überbrücken, woraus sich Sportarten wie Schilanglauf und Biathlon entwickelt haben. Nein, beim Schifahren ergibt sich erneut das Prinzip des Ornaments, des reinen Schmucks, der sinnentleerten Geste und Zierde. Was seinen optimalen Ausdruck im Wedeln findet, bei dem ein hübsches Strickmuster in den Schnee gepflügt wird. Ich kann mich gut erinnern, wie erfreulich es war, Hansi Hinterseer beim Schauwedeln zuzusehen, ohne daß ich behaupten möchte, er schuf wie Hans Krankl einen Raum, in dem die Zeit stillsteht. Eher hat man heute das Gefühl, Hansi Hinterseer selbst würde irgendwie in der Zeit feststecken, unfähig, alt zu werden, unfähig, einen seinem tatsächlichen Alter entsprechenden Zustand der Würde zu finden. Statt dessen ... es soll hier nicht über die volkstümliche Schlagermusik gespottet werden, aber sie birgt nun mal ganz sicher nicht die Möglichkeit, Würde zu entwickeln. Sie ist auch nicht etwa österreichisch oder bayerisch oder alpenländisch. Nein, im Falle der volkstümlichen Schlagermusik scheinen ausnahmsweise jene Angsthasen recht zu haben, die immer von Außerirdischen sprechen und uns davor warnen, Fernsehgeräte einzuschalten und Tonträger zu erstehen.

So wächst also das österreichische Kind mit langgestreckten, schmalen Latten an den Füßen auf, mit Gebilden, die den aufrechten Gang erschweren, ja die einem etwas von der gebeugten oder geduckten Haltung der Vorfahren zurückgeben. Und weil fast alle zum Schifahren gehen, kommt man selten auf die Idee, daran etwas komisch zu finden, einen ganzen Tag lang in solch unbequemen Positionen zu verbringen und plattgewalzte Pisten noch platter zu walzen. Klar, es geht auch um die Freude dabei, von welcher etwa der Austropopper Wolfgang Ambros, dieser Pionier der Dialektwelle und spätere Cat Stevens der Volksmusik, berichtet. Doch welche Freude ist wirklich gemeint? Den kalten Wind zu spüren? Sich ein Bein zu brechen? In derselben Haltung, mit der man seinen Hintern über eine verdreckte Toilette hält, ohne sie zu berühren, mit dem Schilift hochzufahren? Sich in Schihütten betrügen zu lassen? – Ich glaube nicht an die kolportierte Freude beim Schifahren. Nein, das Schifahren gehört zu diesen Dingen, die wir so gerne tun, um wieder damit aufzuhören (vergleiche Dichterlesungen). Die Bedeutung des Après-Ski ist neben der gastronomischen eine therapeutisch-rituelle. Es handelt sich um eine Feier der Überlebenden.

Der eigentliche Sinn des Schifahrens eröffnet sich dem Österreicher aber natürlich dadurch, daß er dank dieser Sportart ins Bewußtsein der Welt rückt. Zum Sport gehört die Hysterie. Sie wird im Falle österreichischer Schistars mit ungemeiner Intensität betrieben. Wenn man Ärzte als Götter *in* Weiß bezeichnet, so sind Schisportler Götter *im* Weiß. Und wie auch bei den Ärzten kann man sich nicht sicher sein, ob hier die Wirklichkeit die Fiktion beeinflußt oder umgekehrt. Ob Menschen, die Schisportler sind, wirklich so unglaublich gesund und fröhlich und bodenständig und kernig sind, daß jedes ihrer Wörter im Interview ein oberschenkelartiges Volumen besitzt? Sehen sie nur so aus wie Stollenwichtel, die man aus dem Berg herausgeholt und zu beträchtlicher Größe aufgebläht hat? Oder sind sie tatsächlich Stollenwichtel?

Wenn sie im Ziel stehen, keuchend, aber ungebrochen, verkörpern sie eine österreichische Muskularität, ein Niederringen gar nicht so sehr der Gegner als der Natur, die man sich schifahrenderweise untertan macht. Die Piste – so perfekt sie präpariert ist, so perfekt sie gestaltet wurde – ist ein Stück unbändiger, widerspenstiger Natur, das vom Schifahrer gezähmt wird.

Für den Österreicher ist das Schifahren nicht zuletzt eine politische Angelegenheit. Eine Auseinandersetzung mit der Welt, mit den anderen, die uns nicht verstehen und die auch noch neidisch auf uns sind. Auf unsere Berge und unseren Schnee und unsere Eigenart. Wir fühlen uns beäugt, verfolgt und – wenn wir mal nicht gewinnen – von finsteren Mächten um den Sieg gebracht. Ein Gefühl, das ganz sicher seinen historischen Ausgangspunkt im Jahre 1972 nimmt, als das IOC dem österreichischen Nationalhelden Karl Schranz die Teilnahme an den Olympischen Spielen in Sapporo verweigerte, weil dieser angeblich den Amateurstatus verletzt hatte. Daß ein solcher Amateurstatus zu dieser Zeit überhaupt noch existierte, ist natürlich eher als ein Witz anzusehen. Dazu kam, daß Karl Schranz schon zuvor bei Olympischen Spielen dank göttlicher oder weltlicher Fügungen um Gold gebracht worden war: verletzt, krank, disqualifiziert. Und nun war also der IOC-Präsident Avery Brundage an die Weltöffentlichkeit getreten und hatte den Schranz-Karli wegen irgendeinem depperten Kaffeeaufdruck auf irgendeinem depperten Leiberl bei irgendeinem depperten Benefiz-Fußballturnier von den Olympischen Spielen ausgeschlossen. – Ich habe bis heute diesen Mann namens Brundage als eine monströse Erscheinung in Erinnerung, welcher mir, elfjährig, der ich war, als ein Teufel erscheinen mußte. Ein Teufel, der das Land, in dem ich gerade aufwuchs, zu vernichten versuchte.

Darum war es auch mehr als angebracht, daß der frühe Populist Bruno Kreisky es sich nicht nehmen ließ, den von der Welt ausgestoßenen und in die Heimat heimgekehrten Leider-nein-Olympiasieger der Volksmenge auf dem Balkon des Kanzleramtes zu präsentieren. Somit konnte der sichtlich gerührte Schranz auf einen Heldenplatz hinunterschauen, auf den schon Hitler geblickt und das Meer aus Menschen wohlwollend zur Kenntnis genommen hatte, so wie lange nach Karl Schranz der polnische Papst Johannes Paul II. Ein Platz, auf dem auch 150000 Menschen gegen Jörg Haider – den Lieblingsdämon der österreichischen Seele – demonstriert hatten. Und nicht zuletzt ein Platz, über den Tag für Tag große und kleine Haushunde hetzen, ja geradezu fliegen, dabei kläffend und bellend ein Klangstück entwickeln, welches davon berichtet, daß in Wirklichkeit die Haushunde in Wien regieren. Und daß das immer so bleiben wird.

Mit der Schranz-Verhinderung durch das IOC hat gewissermaßen eine Österreich-Verhinderung ihren Einzug gehalten, die von da an vor allem von den Sportreportern des ORF mittels waghalsigster Formulierungen und einer unverblümten Parteilichkeit thematisiert wurde. Nicht nur im Schisport, wo eine Niederlage der Österreicher entweder mit einem Zauberwachs des Gegners (Blutdoping für die Lauffläche) erklärt wird, mit den irregulären Wetterverhältnissen (Nebel, der immer nur über die Piste zieht, wenn sich gerade ein Österreicher auf ihr befindet) oder mit einer indiskutablen Setzung der Slalomstangen, die den eleganten, flüssigen Fahrstil des jeweiligen Österreichers behindert.

Auch bei Fußballspielen der österreichischen Fußballnationalmannschaft wurde und wird auffallend oft davon gesprochen, daß die Österreicher gegen den Wind spielen müßten. (Gegen einen Wind, der also rechtzeitig nach der Pause, zusammen mit den Mannschaften, die Richtung wechselt. Und sich somit die Frage stellt, welche geheimen Mächte eigentlich hinter diesem Wind und seinen Wendungen stehen. Nicht, daß in diesem Zusammenhang je der Name des jüdischen Weltkongresses gefallen wäre, aber die Zuseher können sich ja denken, was sie in solchen Fällen zu glauben haben. Sie wissen um die Kräfte der Magie, und sie wissen auch, daß es einen unabhängigen Wind nicht gibt.)

Wenn man den modernen Schisport in drei Generationen unterteilt, dann vertritt der 1938 geborene Schranz die erste Generation, der 1953 geborene Franz Klammer die zweite und Hermann Maier, welcher 1972 auf die Welt kam, die dritte.

Während Schranz noch eher jenem Pathos zugerechnet werden muß, den wir mit Schwarzweißbildern verbinden, mit einer Nachkriegstristesse, als der ganze Fleiß nichts änderte an einer gewissen Unbeholfenheit des Lebens, so steht Franz Klammer bereits für die neue, bunte Zeit, ein Leben in Farbe. Eine Epoche, als gerade dank des Schisports die ländliche Region das Image reiner Unschuld ablegte, sich gewissermaßen vom Heimatfilm verabschiedete und in die Sphären einer kapitalistischen Ordnung vorstieß. So kernig Figuren wie Franz Klammer und bei den Damen Annemarie Moser anmuteten, waren sie bald auch Identifikationsfiguren für das städtische Publikum. Wozu natürlich in erster Linie die Werbung der Schifirmen beitrug, deren logisches Ziel es war, das Schifahren in eine klassenlose Volkskrankheit umzufunktionieren, was ja ganz gut gelang. Dazu gehörte, daß man diese Sportler und alsbald Medienhelden mit einer Art Unfehlbarkeit, einer katholisch geräucherten Allmacht versah (wobei Niederlagen auf die bereits erwähnten Machinationen fremder Gewalten zurückgeführt wurden, was so weit ging, daß immer wieder das Gerücht auftauchte, selbst österreichische Schifirmen würden österreichische Fahrer beim Service benachteiligen).

Moser & Klammer standen aber desgleichen für die Hochblüte des Mittelstands, da man stärker als je davor und danach die Illusion von einer gerechten Welt vertrat. Und besagte Sporthelden somit nicht eine abgehobene Elite verkörperten, sondern in geheiligter Form Herrn und Frau Jedermann glorifizierten. Diese »Nähe« zwischen dem Volk und seinen Ikonen führt natürlich bis heute zu einer großen Akzeptanz und Toleranz. Siehe Niki Lauda, über dessen unternehmerische Aktivitäten man vielleicht sagen darf, daß ein anderer sie kaum überlebt hätte. Aber jemand, der im Namen der Nation (na ja, und im Namen einer exklusiven Autofirma) einen schweren Unfall überlebt, muß natürlich auch den profanen Rest überleben. Heilige können nicht untergehen, sonst hätte nichts mehr einen Wert.

Erscheinungen wie Lauda, Klammer, Moser und Krankl sind auf eine spirituelle Weise *Staatskünstler.* Ihre Siege, ihre Triumphe über den Weltrest sind Auftragswerke des österreichischen Staates. Und daß man ein gelungenes Staatskunstwerk gar nicht hoch genug einschätzen und sodann belohnen kann, versteht sich ebenfalls.

Vom Spirituellen ist es natürlich nicht weit zum Übermenschlichen. Und nichts drängt so sehr zur Überwindung physischer und psychischer Grenzen wie der Sport. Der Sport als innovatives Ereignis kompensiert das Scheitern in anderen Bereichen. Noch immer sterben wir, noch immer kriegen wir Schnupfen, noch immer waren wir nicht am Mars, noch immer können wir keine Steinpilze züchten, noch immer regnet es, wann es will, noch immer wird man von Schokolade nicht dünner, noch immer können Computer keine Lottozahlen voraussagen, noch immer wachsen Kartoffeln nicht als Pommes aus der Erde und lassen sich Müllberge nicht zu Kleinplastiken von Friedensreich Hundertwasser schrumpfen, noch immer... Und darum eben muß uns wenigstens der Sport eine Vorstellung vom Unmöglichen geben. Daß wir dies so wollen, einerseits, und andererseits den Einsatz leistungsfördernder Substanzen ablehnen, ist ein Widerspruch, an den wir uns mit der Zeit gewöhnen werden. Aus Menschen werden Maschinen. So ist das nun mal, wenn man hoch hinaus will, und zwar höher als hoch.

Der Schirennfahrer Hermann Maier, welcher bezeichnenderweise von seinen Fans den Spitznamen »Herminator« erhielt, ist ein wunderbarer Vertreter des neuen Typus. So wie Androiden menschlich veranlagte Maschinen sind, sind Leute wie Maier maschinell veranlagte Menschen. Wenn man Maier sieht, beim Training, beim Wettkampf, im Gespräch, spürt man eine Kraft, eine auftrumpfende Vitalität, die aber von einem geometrischen System geordnet scheint. Ein künstlicher Sturm, ein intelligenter Sturm. Ja, beinahe ist es so, als seien aus jenen Windkanälen, in welche einst die Klammers und Mosers stiegen, um ihre Schihocke zu verbessern, die Maiers unserer Tage herausgeschlüpft. Deren perfekte Haltung wirkt angeboren, genetisch. Und als würden sie überhaupt nur darum trainieren, um uns, den Zusehern, ein klein wenig das Gefühl von Normalität zu erhalten. So wie Andoriden von einer eigenen Kindheit sprechen, die sie nie erlebt haben. Oder von einer Liebe zu den Menschen, die ja bloß ihrem Programm entspricht.

Ich sage nicht, Hermann Maier sei ein Roboter des österreichischen Schiverbands (dann schon eher die in diesem Verband agierenden Funktionäre), aber die Person des Hermann Maier mutet im Vergleich zur Bodenständigkeit des »bürgerlichen« Franz Klammer ausgesprochen titanenhaft und auf eine mittelalterliche Weise utopisch an. Dazu paßt jener berühmte Sturz 1998 in Nagano, den Maier im Stile eines *unbreakable* Bruce Willis unverletzt überstand, um danach Super-G und Riesenslalom zu gewinnen. So wie es paßt, daß ihm nach seinem schweren Motorradunfall ein Comeback gelang, das seinen in Nagano getätigten Ausspruch, mittels des überlebten Sturzes *unsterblich* geworden zu sein, erneut aufgriff. Denn zur Unsterblichkeit gehört – ganz wichtig! – die Unbelehrbarkeit (siehe Götter).

Ich muß nun erwähnen, daß der bei den Männern eigentlich erfolgreichste österreichische Schifahrer gerne aus dem Bewußtsein der Österreicher verdrängt wird. Erstens wegen seines italienischen Namens und zweitens auf Grund der Tatsache, seine Siege für das Herzogtum Luxemburg eingefahren zu haben: Marc Giradelli, der von seinem Vater frühzeitig aus den Klauen des Österreichischen Skiverbandes befreit wurde. Ehrgeizige Väter im Sport sind zwar auch so eine Sache, aber der ÖSV ist sicherlich der allerschlechteste Ort, um ein junges Herz wachsen und reifen zu lassen. Umso ärgerlicher natürlich, daß es einem Sportler wie Giradelli gelungen ist, außerhalb dieser ÖSV-Kombination aus Höllenfeuer, Kaderschmiede und Selbstbedienungsladen sich derart erfolgreich durchgesetzt zu haben. Eben nicht als Staatskünstler, sondern, man ist verführt zu sagen, als genialer Sonntagsmaler.

Es ist ganz klar, daß die Volkskrankheit des Schifahrens so schnell nicht geheilt werden kann, schon gar nicht, wenn die Medien im Stil einer Hofberichterstattung die diversen Wettkämpfe zu einer nationalen Sache von höchster Bedeutung machen und aktive wie ehemalige Rennläufer und Rennläuferinnen den Status schillernder Kriegshelden in Friedenszeiten erhalten. Aber als Ausländer, der Sie sind, können Sie das Schitheater natürlich mit einiger Nonchalance und einigem Amüsement betrachten, und wenn Sie selbst auf einem oder zwei Brettern stehen, dann tun Sie das halt bitte mit der gleichen respektvollen Zurückhaltung, wie Sie anderswo einem Voodoo-Ritual beiwohnen, den ungewöhnlichen Klängen einer Pekingoper lauschen oder eine exotische Wasserwelt bestaunen. – Oder gehören Sie vielleicht zu denen, die gleich, wenn sie auf eine Insel kommen, die nächstbeste Palme hochklettern, um eigenhändig eine Kokosnuß zu pflücken? Und zu allem Überfluß selbige auch noch mit einer Machete zu spalten versuchen?

Wenn ich zuvor einen kleinen Sprung vom Schirennsport zum Autorennsport unternahm und den Namen Lauda erwähnte, so will ich es damit jetzt gut sein lassen. Es gibt Heilige und es gibt Superheilige. Niemand in diesem Land ist so unantastbar wie dieser eine Mann, gleich, was er tut oder unterläßt. Und selbst als der Satiriker, der ich bin, scheitere ich an der Macht seiner Erscheinung. Es gibt Leute, über die darf man nicht einmal lachen. Auch leise nicht.

Kein Wort mehr über Lauda. Darum möchte ich jetzt nochmals in die Historie ausweichen. Zu Jochen Rindt, wie Beethoven ein Deutscher als Österreicher (so wie umgekehrt Hitler ein Österreicher als Deutscher war). Man schrieb das Jahr 1970, als Rindt beim Abschlußtraining zum Großen Preis von Monza ums Leben kam und postum Formel-1-Weltmeister wurde. Es war das erste Mal in meinem Leben, mit neun Jahren, daß ich die tragische Bedeutung des Todes erfuhr. Den Tod von jemandem, der gar nicht zur eigenen Familie oder Verwandtschaft gehörte, aber den meisten dennoch ungemein nahegestanden zu haben schien. Ich erkannte somit auch die »familiäre« Bedeutung einer Person, die *aus dem Fernsehen stammte*, deren Aussehen, deren Handlungen und Worte, ein Lächeln, ein Zwinkern, das Herabziehen des Helmes vom Kopf in einen jeden Haushalt hineinflimmerte. Ich wußte noch nicht um das Wort »telegen«, aber genau dies war Rindt mehr als jeder andere gewesen. Ein idealer Kopf, vor allem aber ein idealer Blick, ein in die Zukunft gerichtetes Schauen, eine Zukunft, die hinter der nächsten Kurve lag und in der alles besser und schöner sein würde.

Rindt war ein Pitralon-Mann, ein Typus, den Steve McQueen mittels einer Stilisierung stilisierter Wirklichkeit verkörpert hatte. Männer, die schnell fuhren und schnell flogen und schnell lebten, die aber bei alldem den Eindruck größter Gelassenheit hinterließen. Deren Puls mit der äußeren Geschwindigkeit zu fallen schien. Und die bei aller Virilität und Dominanz nicht wie Machos daherkamen, obgleich deren Frauen freilich austauschbar schienen (im Stil der sich abwechselnden Bond-Girls), selbst dann, wenn es sich stets um die gleiche handelte. Diesen Pitralon-Männern hing zudem auch etwas Poetisches an, und damit etwas Trauriges. Deren Fliegerei und Fahrerei, deren Expeditionen und Abenteuer besaßen den Geruch des Sinnlosen. Sie waren Millionäre, das schon, aber Millionäre, bei denen man sich vorstellen konnte, sie würden aus einer puren Laune heraus ihr Vermögen im Kamin verbrennen (als das noch möglich war: Koffer voller Geld, echte Kamine).

Die Betroffenheit der Erwachsenen um mich, als Rindt starb, erstaunte mich ob ihrer Intensität. Ich verstand noch nicht die Bedeutung eines Rennfahrers, der ein Idealleben vorgelebt hatte und dessen Tod als gleichzeitig tragisch und erhaben empfunden wurde. Wie von Gott gewollt, nicht, weil Gott ein Sadist ist, sondern ein Ästhet, der einen jungen Mann auf der Bühne seines Lebens und Wirkens sterben läßt in einem Auto, das den zauberischen Namen Lotus trägt. Anstatt diesem Mann ein langes Leben zu bescheren, ein Altern, ein Dämmern, irgendeine Krankheit oder mildes Entschlafen. Nein, in diesem Fall kann man wirklich sagen: Der Tod krönt das Leben.

Es war eine Zeit, als es noch zu vielen tödlichen Unfällen in der Formel-1 kam. So schrecklich das für alle nahen und fernen Betroffenen natürlich war, spiegelte diese Sportart solcherart ein rundes Bild vom Leben, das Prinzip schicksalhafter Wendungen, Glück & Tragödie, Spiel & Ende des Spiels und nicht zuletzt das alles bestimmende Verhältnis zwischen Mensch und Maschine, das Wissen darum, daß die Maschine (und wer empfindet sie stärker und direkter als ein Formel-1-Pilot, der in dieser Maschine wie in einer dritten Haut steckt, einem Kokon?), daß die Maschine also unser Leben fördert und gleichzeitig gefährdet. Die Perfektion heutiger

Formel-1-Wagen ist natürlich mehr als wünschenswert (gepaart mit vielen Sicherheitsmaßnahmen), erzeugt jedoch ein Bild von einer Mensch-Maschine-Symbiose, die erstens wenig repräsentativ ist und uns zweitens – wenn man ganz ehrlich ist – langweilt. Wir sehen in der Maschine auch immer den Feind. Diese Feindschaft erregt uns. Warum, bitte, haben wir ständig diese Phantasien von der Übernahme der Weltherrschaft durch Maschinen? Warum denken wir uns Roboter so gerne als Revolutionäre? Warum sehnen wir uns nach Sex mit Rechnern? Und woran denken wir, wenn wir sehen, wie diese Rennpiloten sich in ihre Cockpits zwängen?

Zu Rindts Zeiten waren Konfrontation und Freundschaft im Umgang mit Maschinen deutlicher. Auch die ganz normalen Pkws vermittelten mittels ihrer Optik etwas Individuelles, Persönliches, Eigenständiges. Heutige Autos hingegen erscheinen zwar als perfekte, dafür aber seelenlose und recht geistlose Maschinen. Sollten sie sich einmal gegen uns wenden, dann wohl auf eine dumpfe und brutale Art.

Wenn ich an Jochen Rindt denke, dann denke ich an die Tränen von Menschen, die ich nie davor und danach wieder weinen sah.

Um diesen kleinen Kreis bedeutender österreichischer Sportgrößen zu schließen, möchte ich noch eine Frau und einen Mann erwähnen, die beide 1947 das Licht der Welt erblickten. Somit 2007 ihren 60er gefeiert haben. Und welche auf höchst unterschiedliche Weise alt geworden sind. Stellt man die beiden gedanklich nebeneinander, so ist das, als würde man einen Film mit Senta Berger neben einer Folge aus der Fernseh-Serie *Ein echter Wiener geht nicht unter* ablaufen lassen. Es gibt Welten, da geht's vornehm zu, und es gibt Welten, da geht's ein bissel laut zu.

Die Zeitschrift Standard untertitelte ihren Geburtstagsartikel auf Ilona Gusenbauer folgendermaßen: »Österreichs letzte Weltrekordlerin wird 60«. Ja, das liegt jetzt eine ganze Weile zurück, daß Frau Gusenbauer, in einem ungeahnt aufregenden »Vorspiel« zum Ländermatch Österreich – Schweden ihren Landsleuten vermittelte, wieviel Freude es bereiten kann, wenn die Latte einer Hochsprunganlage *nicht* herunterfällt. Zumindest bei einer Höhe von 1 Meter 92, was damals Weltrekord bedeutete. Welcher leider nicht lange hielt – man erinnert sich an eine großgewachsene Feengestalt namens Ulrike Meyfarth, deren Flügel, weil unsichtbar, niemand ahndete. Aber dieser kurzlebige Weltrekord der Ilona Gusenbauer hat innerhalb der *Disziplin Österreich* bis heute gehalten. Und so ist das nun mal – siehe Córdoba –, daß die »Wunder« ungleich seltener, aber dafür glanzvoller sind, weil sie sehr viel weniger im klebrigen Nebel von Nationenwertungen untergehen (außer beim Schifahren, was sich ja dementsprechend negativ auswirkt). Frau Gusenbauer sprang noch im alten Straddlestil, dem Rollsprung, gewissermaßen Aug in Aug mit der Latte, ein schöner Stil. Während der zu dieser Zeit aufkommende Fosburyflop etwas Diebisches hat, ein Vorbeischwindeln an der Stange darstellt, nicht unelegant, aber hinterlistig. Als würde man die Latte dadurch einschüchtern wollen, daß man ihr die kalte Schulter zeigt.

1 Meter 92. Das also ist unser Weltrekord. Und darum auch hat diese spezielle Höhe – gleich worum es geht, ob um Gartenzäune oder großgewachsene Jünglinge – in diesem Land eine magische Bedeutung. Man könnte sagen, daß Österreicher ungern über diese Größe hinausdenken. Was ja eigentlich sympathisch ist.

Für Leute, die gerne an Nebensächlichkeiten hängen, sei noch erwähnt, daß in besagtem Fußballspiel (Weltrekordspiel also) ein gewisser Hans Ettmayer ab der 60. Minute auf dem Rasen stand. Ein Mann, den in der Mannschaft zu haben später der VfB Stuttgart die Ehre hatte. Eine Ehre, welcher sich bewußt zu sein irgendein Mensch namens Mayer-Vorfelder nicht die Größe besaß.

Der andere große Jubilar, von dem hier die Rede sein soll, ist der zweimalige Europameister im Boxen, einmal im Superleichtgewicht (1967), das andere Mal im Welter (1969): Hansi Orsolics. Dieser Mann ist bis heute nicht nur eine Legende, sondern noch immer eine Berühmtheit, nämlich gerade dadurch, »versagt« zu haben. Zunächst darum, weil er am Ende seiner nicht allzu langen Karriere statt mit einem Vermögen mit Schulden dagestanden hatte. Dazu kamen der Alkohol sowie eine gewisse Unfähigkeit, das Leben innerhalb des Rings und jenes außerhalb davon richtig auseinanderhalten zu können. Ganz wie man das von vielen Schauspielern kennt, die aus ihren Rollen – zumindest aus der Bedeutung ihrer Rollen – nicht mehr herausfinden. Jemand spielt Mephisto oder wenigstens irgendeinen Tierarzt und kann nicht mehr aufhören, Mephisto oder dieser bestimmte Tierarzt zu sein. Orsolics, geprägt von Eifersucht und dem bei Boxern virulenten Bedürfnis *in den Mann zu gehen*, eröffnete ein Wirtshaus, was für einen alkohol- und streitsüchtigen Menschen auf eine Konfrontationstherapie hinausläuft. Eine Therapieform, die zunächst zu diversen Gefängnisaufenthalten wegen Körperverletzung führte. Wobei man auch sagen muß, daß offensichtlich einige Leute einen großen Drang verspürten, von einem Mann, der siebzehn Jahre nach Joschi Weidinger Österreich wieder einen Europameistertitel im Boxen beschert hatte, einen Mann, der mit Haansee!-Rufen – als wäre ganz Österreich ein siegestrunkener Gefangenenchor –

gefeiert worden war, von einem solchen Heroen also eins auf die Nase zu bekommen. Was ja wirklich etwas für sich hat. Man möchte es spüren, man möchte spüren, wie Gladiatoren – Auserwählte – zuschlagen. Ob sich das anders anspürt, und ob man danach ein anderer ist. All diese Männer, die sich mit Orsolics anlegten, taten dies, um sich in etwas Besseres und Edleres verwandeln zu lassen. Man sollte einmal nachforschen, was aus diesen Personen geworden ist.

Hansi Orsolics jedenfalls hatte so seine Probleme mit einem Leben fern der Seile und der neutralen Ecken, ein Leben, in dem die Ausschaltung eines Gegners auf diffizilere Weise zu erfolgen hat, etwa mittels ruinösen Wettbewerbs, mittels geschickter Auslegung der Gesetze und einer Feinabstimmung des Illegalen. Aber eben nicht durch einen linken Haken, so sehr uns dieser, im Wettkampf vorgetragen, zu begeistern mag. Boxen beweist uns einen animalischen Hintergrund. Der Boxring funktioniert wie ein Naturkundemuseum, in welchem wir eine wilde Rasse bestaunen, die ein bißchen mit uns zu tun hat. Wir sind aber keine Tiere, sondern Monster. Monster boxen nicht. Sie haben ganz andere Möglichkeiten.

Orsolics »einfache« Art hat es ihm schwergemacht. Gleichzeitig kann ich mich nicht erinnern, daß dieser Mann jemals in Vergessenheit geraten wäre (wie es zum Beispiel bei Ilona Gusenbauer durchaus der Fall war). Dazu kam, daß er – ein fulminant miserabler Sänger – einen Hit landete, der passenderweise den Titel »Mei potschertes Leben« trug; ein Hinweis auf so manche ungünstige Entwicklung. Wobei der Begriff »potschert« möglicherweise auf das ungarische *bacsánat* zurückzuführen ist und damit einen Menschen bezeichnet, der sich ständig entschuldigen muß. Hans Orsolics ist genau dieser Typ, der zuschlägt, sich entschuldigt, zuschlägt … Aber er hat es geschafft, aus dem Ring und den ewig sich wiederholenden Runden herauszukommen, hat seine Schulden zurückgezahlt, ist seit zwanzig Jahren frei vom Alkohol und arbeitet dank der Intervention des Sportreporters Sigi Bergmann in der Hausdruckerei des ORF. Auch Sigi Bergmann ist so ein Urgestein und mit Sicherheit der beste Sportreporter, den dieses Land je hatte. Über die anderen österreichischen Sportreporter soll hier nur gesagt sein, daß auch Steine und Polstermöbel nicht sprechen können. Im Unterschied zu mancher Teekanne.

Es sei zudem noch erwähnt, daß mit Orsolics Triumphen im Boxring, wie auch einigen bitteren Niederlagen dortselbst, eine bestimmte Architektur verbunden wird, nämlich die von Roland Rainer entworfene, 1958 fertiggestellte Wiener Stadthalle, ein Paradestück moderner und so funktionaler wie formschöner Gebäudekunst (später kamen noch das Stadthallenbad und die sogenannte Halle E hinzu). Diese Bauten passen sich bei aller kantigen Originalität erstaunlich sanftmütig in das Stadtbild ein. Es handelt sich hier noch in keiner Weise um *Architektur als Skulptur*, wie man das von vielen späteren Gebäuden kennt, welche mehr die Hobbys und Phobien des jeweiligen Architekten widerspiegeln als den Anlaß, der dem Bau zugrunde liegt. Anders die Wiener Stadthalle, die beschwingt und elegant, aber nicht minder wehrhaft und massiv, einem sofort verrät, *was* sie ist und *warum* sie ist: nämlich simpler- und grandioserweise eine Halle für die Stadt. – Ich würde dem Betrachter empfehlen, ins Schwimmbad zu gehen und ein paar Mal rauf und runter zu kraulen. Eine gute Art, Architektur zu erleben. So wie man Berge am besten begreift, wenn man sie hochsteigt. Und Boxer am besten, wenn man mit ihnen boxt.

Bezüglich Fußball bin ich mir allerdings nicht so sicher. Fußball ist eine überaus abstrakte Angelegenheit. Das ist wörtlich zu nehmen. Es ist wie mit ungegenständlichen Bildern, die zu beurteilen sich ein jeder anmaßt. Kaum weiß jemand, was ein Abseits ist, fühlt er sich sämtlichen Schiedsrichterentscheidungen überlegen. Besonders schlimm wird es natürlich, wenn eine bestimmte Fußballnation in eine Krise gerät oder die längste Zeit aus einer Krise nicht mehr herausfindet, diverse Etappen der Depression durchmacht, Babyalter, Pubertät, Erwachsenenalter. Die Depression des österreichischen Fußballs hat bereits so viele Entwicklungsstufen hinter sich, daß man eigentlich von einem Reifeprozeß der Krise sprechen könnte, einem Alterwerks oder aber einer geriatrischen Epoche (so jung die Spieler auch sein mögen). Optimisten werden vielleicht sogar von einem baldigen Ende mit Schrecken, einer Purgation der Krise sprechen.

Obgleich natürlich auch in Österreich die Zahl der selbsternannten Fußballexperten sehr groß ist und das Hände-über-dem-Kopf-Zusammenschlagen die Standardgeste des Publikums darstellt, meine ich neuerdings einen gewissen Gleichmut zu erkennen. Einen Humor, einen philosophischen Habitus, das Wissen darum, daß der Wein nicht schlechter wird, nur weil die österreichische Nationalmannschaft den Eindruck macht, für die Europameisterschaft im Sackhüpfen zu trainieren. Die meisten Österreicher warten nicht wirklich auf einen neuen Trainer, einen neuen Präsidenten, ein neues Konzept, sondern ganz einfach auf ein neues Wunder.

Warten ist auch so eine Kunst, die man gar nicht hoch genug einschätzen kann.

Der Österreicher und die Süßigkeiten

Das erfreulichste Kapitel überhaupt

Nein, nicht die vielgerühmte oder auch nur berühmt-berüchtigte Sachertorte sollten Sie als erstes zu sich nehmen, wenn Sie auf dem Planeten Österreich landen, sondern in den nächsten Supermarkt gehen und eine Packung *Schwedenbomben* erstehen, um sich dann der schwierigen Aufgabe zu stellen, in welcher Verteilung die drei »schwarzen« und die drei »weißen« Schokoladekörper zu verzehren sind. Was natürlich nicht zuletzt davon abhängt, ob Sie diese zauberhafte Süßware alleine, in einer fatalen Duellsituation oder im freien Feld einer ganzen Gruppe zu sich nehmen. Das ist keine Kleinigkeit, und ich kann mich an einige Konflikte meiner Kindheit erinnern, wenn zwei Menschen und eine Packung Schwedenbomben zusammenkamen und sich Anschauungen und Vorlieben überkreuzten.

Zur Erklärung: Schwedenbomben sind ein Produkt der Traditionsfirma *Niemetz*. Walter Niemetz erfand 1930 in Kooperation mit einem schwedischen Konditormeister jene spezielle Variante des Mohrenkopfs, auch als Negerkuß oder Schaumkuß bekannt. Es spricht für die österreichische Raffinesse im Umgang mit Sprache, die problematische Verbildlichung von Schwarzafrikanern in eine humoristische Verbildlichung von Nordeuropäern verwandelt zu haben.

Wer mit Schwedenbomben aufwächst, kommt allerdings selten auf die Idee, sich großartig über die Herkunft des Begriffs Gedanken zu machen. So ist es immer mit Sprache: Im Vertrauten löst sich das Merkwürdige auf. So bin ich seit jeher gewohnt, bei der Erkundigung nach einer Telefondurchwahl eben nicht von »Durchwahl« zu sprechen, sondern den sehr viel stärker durchbluteten Terminus »Klappe« zu verwenden. Das Vertraute bleibt in der Regel nämlich auch frei von Assoziationen. Eine Klappe ist eine Klappe, und eine Schwedenbombe ist eine Schwedenbombe. Warum etwas so heißt, wie es heißt, ergibt sich erst aus der Nachfrage eines Ausländers, der über einen detektivischen Ehrgeiz verfügt, alles wissen will, alles aufregend findet, nichts ausläßt. – Wenn man einen Menschen sieht, der auf eine Gedenktafel schaut, dann weiß man sofort, er ist nicht von hier. Wobei es keineswegs so ist, daß die Einheimischen (die Leute aus dem »Grätzel«) genau wüßten, was auf dieser Tafel steht, und selbige *darum* nicht betrachten. Für sie besteht die Tafel als solche, als Ornament, nicht als Träger eines Inhalts. So ist es auch mit Kunstwerken. Den Österreicher, wenn ich das so verallgemeinern darf, interessiert es – sehr im Unterschied zum Deutschen – wenig, wann genau ein Kunstwerk entstanden ist, wie der Titel lautet, ja wie der Künstler heißt. Es gibt in Thomas Bernhards Prosakomödie *Alte Meister* eine ganz wunderbare Beschreibung deutscher Museumsbesucher, von denen gesagt wird: »Die Deutschen schauen im Kunsthistorischen Museum die ganze Zeit in den Katalog, während sie durch die Säle gehen, und kaum auf die an den Wänden hängenden Originale, sie folgen dem Katalog und kriechen, während sie durch das Museum gehen, immer tiefer in den Katalog hinein, so lange, bis sie auf der letzten Katalogseite angelangt und also wieder aus dem Museum draußen sind.«

Wenn jedoch in der Folge die Gleichgültigkeit der Österreicher gegenüber der Museumskunst behauptet wird, denke ich, ist das ein Irrtum. Der Österreicher interessiert sich freilich weniger für das Gemälde an sich als für seine Funktion im Raum: *Warum hängt dieses Gemälde hier und nicht woanders? Warum besitzt es einen solchen Rahmen und nicht einen anderen? In welcher Beziehung stehen die Bilder zueinander? Harmonieren sie? Streiten sie? Atmen sie, oder sind sie tot?* – Ich will nicht sagen, der Österreicher sei ein Dummkopf, der einen Bruegel von einem Tizian nicht auseinanderhalten könnte. Aber diese Unterscheidung ist es nun mal nicht, was ihn wirklich interessiert. Er ignoriert die Fakten, um sich tieferen Fragen zu stellen. Er ist weniger kunsthistorisch veranlagt als philosophisch. Und auch wenn das natürlich eine bloß theoretische Frage ist, so wird sie insgeheim sicher oft gestellt: *Was passiert, wenn ich versuche, dieses Gemälde abzuhängen?* Wenn ein Deutscher zu nahe an ein Gemälde gerät und dadurch einen Alarm auslöst, dann, weil er vorhatte, den Duktus des Malers zu studieren. Der Österreicher aber, der ebenfalls einen Alarm auslöst, ist vor allem an der Alarmanlage interessiert. Denn die Alarmanlage ist es, welche die Bedeutung dieses Bildes im Raum veranschaulicht. Die Alarmanlage verkörpert die Aura.

Darum ist es allein als ein Ausdruck meines guten Benehmens zu verstehen, wenn ich den Begriff »Klappe« nicht unerklärt lasse, obwohl der Klang eines Begriffs wichtiger ist als seine Herkunft. Klappe bezieht sich zumindest beim Telefonieren nicht darauf, jemanden sein Maul zu verbieten, sondern verweist auf eine historische Fernsprecheinrichtung mit Handvermittlung, bei der ein Klappenmechanismus zur Anwendung kam. – Wie schnöde mutet dieser etymologische Hintergrund an im Vergleich zum Wort selbst, seinem groben Glanz und den vielen interessanten Mißverständnissen, die es hervorzurufen versteht.

Doch zurück zur Schwedenbombe, die bereits dank der Verpackung – einem durchsichtigen, schatullenartigen Kunststoffbehälter – sich so wohltuend von den schreienden Kartons unterscheidet, in denen die viel zu süßen und viel zu dicken Dickmanns im Stile eines diabetogenen Hinterhaltes verborgen sind. Schwedenbomben aber zeigen sich dem willigen Käufer in galanter Offenheit. Wenn man will, kann man sagen, sie symbolisieren Österreich: nicht größer als nötig. Ein einziger Biß macht den Unterschied klar. Kein schwerer Schaum, sondern eine leichte Creme. Keine zuckrige Gewalt, sondern eine milde Süße wie ein warmer Wind. Geschlagenes Eiklar und fetthaltiger Kakao im stabilen Miteinander, erneut das Prinzip des Walzers und Landlers anwendend, bei dem die Tänzer immer die richtige Distanz wahren, das Miteinander nicht übertreiben. Und das Schöne daran ist sicher, daß es sich um keine hochgestochene Konditoreiarbeit handelt, sondern um ein Fabrikprodukt, jedermann zugänglich und preislich moderat. Die Schwedenbombe ist sozial, aber nicht banal, hier wird das Exklusive zum Massenprodukt.

Bleibt nur das bereits angesprochene Problem der Eßfolge. Selbst wenn man alleine ist und die mit einer Schokoladehülle überzogenen drei Bombenstücke genauso schätzt wie die zusätzlich mit Kokosraspeln bestreuten anderen drei, stellt sich die Frage der Reihenfolge. Zuerst schwarz oder zuerst weiß? Schwarz und weiß abwechselnd oder strikt getrennt? Und richtig schwierig wird es, wenn zwei Leute sich eine Sechserpackung teilen und beide etwa die weißen vor den schwarzen bevorzugen. Die relativ geringe (aber vernünftige) Anzahl von nur sechs Stück und das Faktum des so überaus feinen Geschmacks machen den »Kampf« zu einer strategischen Angelegenheit, weniger zu einem raschen In-sich-Hineinstopfen. Man muß abwägen zwischen dem Genuß und der Gefahr, ins Hintertreffen zu geraten. Aber für Schwedenbomben gilt in erster Linie das Prinzip von der *Entdeckung der Langsamkeit* sowie in Erinnerung an einen Filmtitel: *Wie ich die Bombe lieben lernte*. Besser eine davon genießen als zwei verschlingen. – Sie werden sagen: Man kann sich doch mehrere Packungen kaufen. Richtig! Komisch nur, daß man das nicht tut. Es gehört sich einfach nicht. Es paßt nicht zur Noblesse dieser »kalorienarmen« Süßspeise, sich gleich mit zwei Pakkungen einzudecken. So wie man sich mit zwei Kästen Bier eindeckt oder mit zwei Packungen Kartoffelchips. Wenn Sie es doch tun, wundern Sie sich nicht, daß man Sie an der Kassa schief anschaut und als den Ausländer erkennt, der Sie sind. (Sollte ich mich täuschen, dann haben sich die Zeiten geändert, und das wäre äußerst bedauernswert. Und es wäre dann praktisch *Ihre* Aufgabe, die alte Tradition neu aufzunehmen. Die alte Würde, die mit dieser Bombe einhergeht, zu leben.)

Geschmacklich nicht ganz so überirdisch, aber als Massenprodukt ebenfalls herausragend, ist die *Mannerschnitte*. Wobei die eigentliche Bedeutung die des Objekts ist. Eine Packung Mannerschnitten reißt man nicht gleich auf, wie man vielleicht eine Tüte Gummibärchen, ja sogar eine Gebirgskette Toblerone aufreißt. Die Packung widersetzt sich dank optischer Präsenz einer sofortigen Konsumation. Im Grunde handelt es sich um ein kleines Kunstwerk in größter Auflage, eine reclamheftartig in der Hand liegende, in altrosa Alufolie gefügte serielle Anordnung aus zwei mal fünf Reihen (ich bezweifle, daß viele Menschen ohne viel Nachdenken wissen, wie viele Stücke sich in einer Packung befinden – man nimmt immer nur den Block wahr; wahrscheinlich wird eher ein Dutzend oder acht geschätzt statt der tatsächlichen zehn). Mit einer Packung Mannerschnitten in der Hand läßt sich hervorragend spazierengehen. Die Packung ist nicht schwer, sieht gut aus, bedeutet einen Proviant, läßt sich natürlich auch bestens in einer Sakkotasche, einer Handtasche oder einem Kostüm unterbringen, sollte aber lieber offen getragen werden. Niemand wird Ihnen den Vorwurf machen, ein Klischee zu bedienen, wenn Sie mit Mannerschnitten unterwegs sind, im Gegensatz zu Mozartkugeln (die zwischenzeitlich zur gleichen Aktiengesellschaft gehören, was schon zeigt, wie traurig unsere Zeit geworden ist).

Man sollte also eine ganze Weile mit einer solchen Packung Mannerschnitten unterwegs sein, um den richtigen Moment zur Öffnung abzuwarten. Einen Moment der Ruhe, vielleicht sogar inmitten von Hektik. Wichtig ist nur, daß man selbst ruhig wird, wenn man die weichselrote Lasche anhebt und mit einem gleichmäßigen Zug die Folie von rechts nach links aufreißt, sodaß die erste Zweierreihe wie bei einer Zigarettenpackung nach hinten kippt. Was dann beginnt, ist immer eine Bröselei. Die Schnitten lassen sich nicht trennen, ohne daß ein »Staub« von Waffelfragmenten in die Luft aufsteigt. Auch entströmt sofort der Geruch von Haselnüssen, welcher – das ist keine Einbildung – in kurzen Intervallen erfolgt, so, als würde eben auch dieses Aroma das Kompositionsprinzip der Mannerschnitte wiedergeben: vier Lagen dünner Streichmasse zwischen fünf Lagen noch dünnerer Waffelschicht.

So kompakt dieses Schnittenstück in der Hand liegt, so fragil fühlt es sich im Mund an, wo die Schichten quasi ineinanderbrechen und ein Geschmack entsteht, der an das Vermischen von Spielkarten erinnert, wenn eine in die andere geschoben wird. Aber man kann natürlich auch, wie vor allem Kinder es gerne tun, die Schnitten an den Seitenflächen halten und sodann mit den Zähnen vorsichtig die oberste Waffeldecke herunterbrechen, diese mit viel Speichel im Mund verzehren, um in der Folge die Haselnußcreme abzulecken und damit eine neue Waffelschicht freizulegen, welche man wiederum... und so weiter. Auf diese Weise gelingt es, sich ungemein lange mit einer einzigen Schnitte zu beschäftigen. Und daß dies eine der besten Arten darstellt, Selbsthypnose zu betreiben, versteht sich. Es ist jedenfalls weit angenehmer und wirksamer, sich nach und nach der untersten Waffel zu nähern, als sich etwa mit der Vorstellung abzumühen, wie man eine dumme Stufe mit dem Rücken voran abwärtssteigt.

Auch im Falle der Mannerschnitte glaube ich sagen zu können, daß niemand, der Ihnen dabei zusieht, wie Sie den süßen Kubus quasi filetieren (angesichts des Waffelmusters müßte man eigentlich von entgräten sprechen), Sie dafür belächeln wird. Man wird davon ausgehen, daß Sie bloß einem Ritual Ihrer Kindheit folgen. Und wer wollte eine derartige Reminiszenz schlechtheißen?

Und wer wollte etwas gegen die Bilder sagen, die in unseren Köpfen feststecken und welche nicht selten Bilder von Bildern sind? – Das Logo der Mannerschnitte ist der Wiener Stephansdom. Ein Dom, den viele Menschen auch in natura zu Gesicht bekommen haben. Dennoch liegt es auf der Hand, daß unser Bild von dieser Kirche in erster Linie von Abbildungen geprägt wird. Und in erster Linie von jener Abbildung, die wir von der Mannerschnitte her kennen. Wir sehen die Kirche oder denken an die Kirche und haben sofort den vertrauten Geschmack im Mund. Dazu kommt, daß der Dom in unseren Gedanken stets in Rosa erscheint. Und in einer Perspektive, welche historisch ist. Es stimmt nämlich, wenn der Architekt Hans Hollein auf Angriffe, sein dem Dom gegenüberliegendes, recht üppig in den Raum stoßendes *Haas-Haus* verstelle den Blick auf den Stephansplatz, mit dem Argument kontert, der angeblich verlorengegangene Blick, von dem die Leute reden, würde sich allein auf die Abbildung auf der Mannerschnittenpackung beziehen. Man kann sagen: Der Dom auf der Mannerschnitte ist die Kathedrale in unseren Herzen. Und es soll ja sogar vorkommen, daß Österreicher (oder Österreichanhänger) eine Packung Mannerschnitten in der Brusttasche über ihrem Herzen tragen. Daß deshalb auch schon mal eine verirrte Pistolenkugel lebensrettend abgebremst oder abgelenkt wurde, kann ich zwar nicht belegen, möchte es aber dennoch erwähnt haben.

Wenn Sie nun sagen, das klingt alles sehr übertrieben, muß ich Ihnen antworten, daß nichts so sehr zu einer Mannerschnitte paßt wie eine Übertreibung. Mit »normalen« Gefühlen ist solchen Ikonen klassenloser Zuckerbäckerei nicht beizukommen.

Und gerade darum fügt sich der Auftritt der Mannerschnitte in *Terminator 3* so gut ins Schema. Als der von Arnold Schwarzenegger (auch so ein Geschenk Österreichs an die Welt) gespielte T-101-Roboter zusammen mit seinen beiden Schutzbefohlenen sich auf dem Weg an einen sicheren Ort befindet, stoppen sie bei einer kleiner Tankstelle in der amerikanischen Einöde und decken sich mit Lebensmitteln ein. Schwarzeneggers Terminator, der sich kokett als »veraltete Entwicklung« bezeichnet, räumt recht wahllos die Regale ab, die üblichen Chips und Schokoriegel. Und inmitten dieser so bunten wie belanglosen amerikanischen Warenwelt – deren

Ende ja soeben bevorsteht – leuchtet deutlich sichtbar das Rosa eines Kartons mit Mannerschnitten hervor, aus welchem der philanthropische Terminator vier Packungen der austriakischen Süßware herauszieht. Geradeso, als sei die Mannerschnitte gleich den Maschinenmenschen durch die Zeit gereist, aber eben nicht aus einer schlechteren Zukunft kommend, sondern einer besseren Vergangenheit.

Die Betonung der Vergangenheit ist natürlich ein wichtiges Element des Österreichischen. Gar nicht so sehr seine Idealisierung. Kaum jemand sehnt sich ernsthaft zurück in die Kaiserzeit. Die Monarchie ist lange abgehakt. Und weder wünschen sich die Tiroler einen Südtiroler Appendix, noch wünschen sich die Südtiroler, ein solcher zu sein. Um die Ungarn in Wien zu haben, braucht man nicht das ganze Ungarn inklusive seiner ganzen Sorgen. Und daß die Vorarlberger lieber bei der Schweiz wären, ist bloß eine Koketterie von Leuten, die über ein Essen schimpfen, das sie gerade mit Genuß verputzt haben. Am ehesten traut man den Kärntnern zu, sich »irgendwie« abzuspalten. Aber abspalten wohin? Darum war es auch sofort als ein Aprilscherz zu erkennen gewesen, als einmal im Stil einer realen Radionachricht davon berichtet wurde, Kärnten hätte sich für unabhängig erklärt und seine Grenzen dichtgemacht. Das wurde sehr viel weniger ernstgenommen als etwa die in einem Kottan-Film erfolgte Einblendung, bei Duisburg seien Ufos gelandet.

Kann man sich vorstellen, daß Außerirdische in Kärnten landen? Und wie würden die Kärntner reagieren, die sich so viel auf ihre Wehrhaftigkeit einbilden? Das hängt sicher davon ab, wie man sich wiederum diese Außerirdischen vorzustellen hat. Auch zweiköpfige, giftgrüne Schleimmonster können *gute* Touristen sein. Touristen, die am Problem zweisprachiger

Ortstafeln desinteressiert sind, die Inschriften über den heroischen Abwehrkampf kommentarlos zur Kenntnis nehmen (wie man das Färben und Verstecken von Eiern zur Kenntnis nimmt oder das massive Dekorieren ganzer Nadelbäume), dafür aber sich für das Schifahren begeistern, für die Seenlandschaft, für das Bergsteigen. Und vielleicht für die Kärntner Nudeln, was sicher der beste Grund wäre, nach einer langen Reise durch das Universum ausgerechnet in Kärnten zu landen.

Bei dieser Spezialität handelt es sich um eine Variante der überall in der Welt virulenten Teigtasche. Es scheint den zivilisierten Menschen zutiefst anzusprechen, etwas auf seinen Teller zu bekommen, was sich verborgen hält. Eine Füllung, die in einem versperrten Raum einsitzt. Und es somit ein gewisses Vertrauen voraussetzt, sich eine solche »gespensterartige« Speise einzuverleiben. – Das mag Ihnen, lieber Leser, liebe Leserin, selbstverständlich erscheinen, dieses Vertrauen. Das ist es aber nicht. Speisen sind seit jeher ein fester und wesentlicher Bestandteil der Magie. Selbst das Essen noch, welches aus der Tiefkühltruhe stammt, wobei selbiges wohl eher der Schwarzen Magie zugerechnet werden muß. Zumindest einer Grauen. Die Intentionen der Ernährungsindustrie sind dabei so hinterhältig wie banal, es geht simplerweise ums Geld, weniger um die Seelen der Esser. Auf diese Seelen kann die Industrie verzichten. Anders sieht das dort aus, wo noch selbst gekocht wird. Ob für die Familie oder für Gäste. Das Essen soll etwas bewirken. Es soll auf die Psychen wirken. Es soll bessere oder schlechtere Menschen aus uns machen. Und darum – aus keinem anderen Grund – hat sich die Kochkunst mit all ihrer Raffinesse, ihrer Geheimniskrämerei, ihren komplexen Verfahren und symbolträchtigen Formen entwickelt. Wenn wir vor einer Teigtasche sitzen, sollten wir davon ausgehen, daß die Köchin oder der Koch mehr hineingelegt haben als ein Gemisch schlichter Zutaten. Kochen ist ein populärer Teil der Metaphysik.

Die Kärntner Nudel ist also eine solche gefüllte Tasche, welche jedoch sogar die Größe eines in sich zusammengezogenen Igeljungen erreichen kann. Am bekanntesten sind die *Kasnudeln* mit einer »Innerei«, die aus einer mit Minze gewürzten Mischung aus Topfen und gestampften Erdäpfeln besteht, wobei man in früheren, sparsameren Zeiten sich auch mit einer bloßen Kartoffelfüllung beschied. Das Geheimnisvollste an diesem Essen, welches mit zerlassener Butter serviert wird, ist der Moment der Taschenöffnung. Man meint, ein Geist entweiche. Und das tut er ja ganz sicher. Man kann es richtig hören. Die Nudel in der Folge auch noch zu essen, kann dann nicht mehr schaden. Man ist so oder so verhext.

Als Süßspeise erscheint die Kärntner Nudel in Form der *Kletzennudeln.* Hierbei ist in den Taschenraum eine Masse einquartiert, die entsteht, wenn man eingeweichte Kletzen oder Dörrbirnen durch einen Fleischwolf dreht und mit Topfen und Honig vermengt. Außen auf die Hülle fügt man zerlassene Butter und zerlassenen Honig – weil Gemälde nun mal einen Firnis brauchen – sowie Zimt und Zucker, wenn's denn unbedingt sein muß (was ich aber so unnötig finde, wie gefirnißte Gemälde hinter Glas zu stellen).

Entscheidend für diese Nudeln ist bezeichnenderweise nicht ein geschmacklicher, sondern ein optischer und ornamentaler Aspekt, nämlich das »Grändeln«, dank dessen die zusammengefügten beiden Teigränder verschlossen werden. Indem man mit der Fingerspitze in gleichmäßigen, kurzen Abständen in die Teigfläche drückt und ein wellenartiges oder zopfförmiges Muster herstellt, wird die Tasche praktisch *zuge-*

näht. Daß dies der wohl wesentlichste Teil der Magie ist, das rituelle Verschließen, versteht sich und wurde in früheren Zeiten auch dementsprechend hochgehalten.

Ich erlaube mir an dieser Stelle eine Passage aus einem meiner Romane zu zitieren: »Viola genoß die Macht, über die allein kochende Frauen verfügen, gleich ob sie schwerbusige Matronen oder schlanke, feinnervige Trägerinnen von Sportunterwäsche sind. Wenn sie kochen, richtig kochen, und ihre Männer, alle Männer, wohlweislich aus der Küche verbannen und es nicht zuletzt unterlassen, selbige Männer zum Zwiebelschneiden und Kartoffelputzen abzukommandieren, erhalten sie sich die Kontrolle derer, die füttern, über die, die gefüttert werden. Wenn sie denn wissen, was sie mit diesem Füttern bezwecken wollen.« (aus: *Die feine Nase der Lilli Steinbeck*)

Diese Viola ist übrigens eine erfolgreiche und vielbeschäftigte Geschäftsfrau, die keineswegs über ein Zuviel an Zeit verfügt. Doch wenn man auf die zeitsparenden Vorteile industrieller Fertigkost verweist, muß man sich auch fragen, ob diese »gewonnene Zeit« die »verlorene Macht« aufwiegt. Zeit nämlich wofür? Fürs Sportstudio, diesen deprimierenden Ort physischer Korsettierung? Als hätten wir die körperbezogenen Maßregelungen des neunzehnten Jahrhunderts nie überwunden.

Ich kann mich gut an die leidenschaftliche Kocherei meiner Großmutter erinnern, einer vielbeschäftigten Wirtshauschefin mit böhmischen Wurzeln, die den geheimnisvollen Namen Halala trug. Alles, was sie kochte, vor allem aber die Mehlspeisen, besaßen Stück für Stück eine spezielle Form. Wie ja auch ein Maler kaum zwei vollkommen identische Bilder herstellt, außer er ist ein Fälscher, und meine Großmutter war natürlich *keine* Fälscherin. Etwa ihre Faschingskrapfen, denen man stets das Plastische ansah, also die Hand, in der sie entstanden waren. Manche waren recht klein, andere riesig, einige besaßen die klassische ovale Form, andere hätte man für ein kleines Herz, eine Birne oder zwei verschmolzene Monde halten können. So unterschiedlich sie aussahen, besaßen sie immer die gleiche Signatur und schmeckten alle gleich gut. Ich habe die Außenhaut ausgesprochen fettig in Erinnerung, wunderbar fettig, dahinter dann der lockere, luftige Teig. Und irgendwo in diesem Raum kleiner Waben die mit Marmelade gefüllte Höhlung, der unterirdische Geleesee.

Selbige Einmaligkeit des »Objekts« galt natürlich ebenso für die mit Powidl (Pflaumenmus) gefüllten, mit Mohn bestreuten, mit Staubzucker berieselten und mit Butter übergossenen *Germknödel.* Diese Knödelkörper hatten etwas von lebenden Wesen, die sich ein klein wenig aufzublähen und wieder einzuschrumpfen schienen wie bei einer stark verzögerten Atmung. Ein Eindruck, der die Lust am Verzehr keineswegs behinderte, weil man sich natürlich nur Germknödel vorstellen mag, die sich darauf freuen, verspeist zu werden. (Ich meine nicht, daß diese Knödel sprechen konnten, wie ab und zu Kaffee- und Teekannen dazu imstande sind, aber dennoch möchte ich sagen, es waren *intelligente* Knödel, in der Art und Weise, wie wir das manchmal bei Maschinen vermuten.)

Es ist übrigens keineswegs so, daß ich meine Großmutter geliebt habe. Ich mochte vieles nicht an ihr, am wenigsten ihre typisch österreichische Verdrängungskunst, doch ihre leidenschaftliche Art zu kochen hat mich stets begeistert. Ihre Präsenz in der Küche, die spürbare Autorität einer versierten Alchemistin, die ziemlich gut weiß, wie man Gold herstellt. Zu diesem Gold gehörte vor allem ihr *Mohr im Hemd*, diese aus dem Wasserbad gehobene, schokoladige, mit geriebenen Mandeln und Semmelbröseln versetzte Masse, von der ein einzelnes Stück auf der Gabel ausgesprochen schwer wirkt, im Mund aber ganz leicht. Korrekt definiert handelt es sich um einen echten Pudding, ich möchte aber lieber von einer Umdichtung und Verdichtung des Guglhupfs sprechen. Und wenn man weiß, daß »Guglhupf« ebenso für »Irrenhaus« steht – nämlich auf Grund der Ähnlichkeit zwischen der Kuchenform und einem von Joseph II. in Auftrag gegebenen Narrenturm –, dann könnte man vielleicht den Mohr im Hemd als komprimierte Narretei begreifen.

So, wie ich behaupte, der Germknödel *atmet*, würde ich meinen, der Mohr im Hemd *lacht*, und zwar ein tiefes, schweres Lachen. Er lacht uns aus. Aber auch er will selbstverständlich gegessen werden. – Bei alldem darf nicht vergessen werden: Guglhupf und Mohr im Hemd haben ein leeres Zentrum. Das macht aus ihnen zwangsläufig philosophische Süßspeisen.

So kompliziert ein echter Mohr im Hemd, so einfach die *Palatschinken*. Könnte man sagen, denn im Grunde handelt es sich um einen dünnen Pfannkuchen. Aber im Einfachen steckt der Wurm wie auch die Chance. Es ist wie mit Gedichten und Aquarellmalerei. Jeder wagt sich heran: Ein paar Worte, irgendwie verknotet, schon haben wir ein Poem; ein paar Pigmente, die sich im Wasser auflösen, schon glänzt feucht ein Aquarell. Aber nichts ist so schwer wie das perfekte Gedicht und das perfekte Aquarell – und die perfekte Palatschinke. Im Grund soll sie dünn, aber nicht *zu* dünn sein, sie soll hell, aber nicht blaß sein, ihre Teigform rund, aber nicht so rund, daß man meint, sie sei ausgestochen oder mit dem Zirkel hergestellt worden, denn auch für Palatschinken gilt, jedes Stück möge seine eigene Form besitzen. Wobei natürlich ein Unterschied besteht zwischen absichtsvoller Individualität und einem Zerlaufen des Teigs im Stile der gerade angesprochenen laienhaften Aquarellmalerei.

So wie man in einer Gaststätte oder einem Restaurant zunächst einmal den Hauswein ordern sollte, sollte man beim ersten Besuch die angebotenen Palatschinken bestellen. Vergleichbar der Vorgangsweise, sich bei einem Mann oder bei einer Frau, für die man sich interessiert, zuerst einmal nach dem Namen zu erkundigen. Und nicht nach dem Bankkonto, oder? Werden Sie jedoch skeptisch beäugt, von dem Mann, der Frau, deren Namen Sie wissen wollen, beziehungsweise von dem Kellner oder der Kellnerin, bei denen Sie Hauswein und Palatschinke zu ordern versuchen, dann seien Sie auf der Hut.

Den Möglichkeiten, eine einzelne Palatschinke zu füllen (serviert werden sie eigentlich nur im Plural), sind natürlich kaum Grenzen gesetzt. Ich finde allerdings die salzigen Varianten – diverse Schwammerln, Spinat, Schinken, Tofu – etwas unpassend. Pilze gehören ohnedies niemals in »versteckter« Form serviert, ihre potentielle Giftigkeit gebietet den freien Blick. Aus Prinzip. Nein, ich würde nur drei Füllungen empfehlen: die mit Marmelade, die mit Topfen (plus Rosinen) oder jene besonders kalorienreiche (nahrhafte) sogenannte Großmutterpalatschinke, die über eine Nußcremefüllung verfügt und sodann mit flüssiger Schokolade und Schlagobers dekoriert wird. Von Vanilleeisfüllung hingegen rate ich gerne ab. Man meint, man beiße auf etwas Kaltgewordenes, das ursprünglich warm war.

Wenn von Palatschinken die Rede ist, muß natürlich auch deren Verwandlung in eine Suppeneinlage erwähnt werden, mittels des Zerschneidens in bandförmige Nudeln, die dann *Frittaten* heißen, nach dem italienischen frittata (Eierkuchen). Und damit sind wir beim heikelsten Thema überhaupt angelangt: der österreichischen Suppe. Wenn man nämlich eine Verbindung zwischen Magie und Essen herstellt und daran glaubt, daß manche Speise sich besser eignet als andere, Abhängigkeiten zu schaffen, Liebe oder Haß zu erwecken, Zungen zu lösen oder Münder zu verschließen, das Beste und das Schlechteste aus einem Menschen herauszuholen – also Hexerei zu betreiben –, dann ist die österreichische Suppe das herausragende Medium. Gerade weil sie nicht so dramatisch oder dramatisch bescheiden daherkommt wie irgendeine *neue* Küche, irgendeine Präsentation des Exotischen oder Wiederentdeckten.

Und das ist wohl der Grund, daß, sobald Österreicher vor einer Suppe sitzen, sie vollkommen konzentriert sind. Als ahnten sie, daß mit dem Genuß dieser Suppe etwas Entscheidendes mit ihnen geschieht. Sie sind jedenfalls vorbereitet, während der Ausländer oder frisch Zugezogene sich dieser Gefahr oder Möglichkeit selten bewußt ist. Aber ich denke, daß natürlich auch der Österreicher die Bedeutung der Suppe nur intuitiv wahrnimmt und nicht etwa konkrete Vorstellungen damit verbindet. Also etwa meint, der Teufel oder der liebe Gott würde aus dieser Suppe herauslächeln. Obgleich das höchstwahrscheinlich der Fall ist.

Eine österreichische Suppe muß nicht nur heiß, sondern brennheiß sein. Es ist ganz wichtig, daß man sie nicht sofort verzehren kann, sondern zunächst eine ganze Weile auf die Oberfläche blasen muß und dabei den aufsteigenden Dampf inhaliert. Über die Suppe beugt man sich. Man könnte aber auch sagen, man *verbeugt* sich vor ihr. Vor der Majestät, die sie ist: die Rindsuppe. – Es ist ein großer Unterschied, ob man ein Stück Fleisch zu sich nimmt oder eine Flüssigkeit, in der dieses Fleisch quasi gebadet und einen informativen Extrakt zurückgelassen hat, mehr eine Spiegelung des Fleisches, was wortwörtlich zu nehmen ist: Rindsuppen glänzen. Und sie besitzen eine Tiefe. Eine *gute* Rindsuppe wirkt stets tiefer, als sie auf Grund der Bedingungen des Tellers sein kann. Eine *schlechte* Rindsuppe erinnert dagegen an eine Pfütze, oder sie glänzt viel zu stark, wie man das von falsch gehängten alten Gemälden kennt.

Wichtig ist natürlich der kleingehackte frische Schnittlauch, der über die Oberfläche treiben sollte und welcher bei der Bewertung von Glanz und Tiefe wie die Zeichen und Symbole auf einer Wetterkarte funktioniert. Wenn es möglich ist, sollte man zuerst einmal die Rindsuppe ohne Einlage probieren, wie man ja auch einem hellen Tag zunächst ohne Sonnenbrille begegnen sollte, um dessen Helligkeit richtig einzuschätzen. Man vergißt sonst, was *Licht* überhaupt bedeutet.

Aber es darf hier natürlich nichts gegen die Einlagen gesagt werden, vor allem nichts gegen Grießnockerln, Leberknödel oder Tiroler Speckknödel, bei denen man die Hand der Köchin oder des Kochs besonders gut spürt. Ja, bei Grießnockerln drängt sich der Begriff »handwarm« auf, und ich kann mir schwerlich vorstellen, daß sich, vom magischen Standpunkt aus gesehen, Grießnockerln zu etwas anderem als Freundlichkeit und Fürsorge eignen. Während ich mir bei der Leberknödelsuppe da nicht so sicher bin, jener von Thomas Bernhard im *Theatermacher* so titulierten »Existenzsuppe«. Nicht weil der Knödel so dunkel und schwer ist und das Nokkerl so hell und leicht, sondern weil beim Formen eines Fleischknödels die Palette an Gefühlen, die in diesen Knödel hingedrückt und gepreßt wird, ungleich größer ist. Ein Grießnockerl aber kann nicht anders als mit einer zärtlichen

Zurückhaltung modelliert werden (was Routine nicht ausschließt, gerade die Zurückhaltung benötigt Meisterschaft).

Vergleichsweise uninteressant ist da die Nudelsuppe, zumindest, seitdem kaum noch jemand die Nudeln selbst herstellt. Wo dies aber der Fall ist, muß dem Esser bewußt sein, es hier mit ganz besonderer Hexerei zu tun zu haben. Wobei ich allerdings nicht glaube, daß ein Esser wirklich eine Chance besitzt, die Folgen eines bestimmten Essens mitzubestimmen. Aber es ist doch ein Unterschied, ob man sehenden Auges oder aber blind und blöd in den Abgrund oder den Himmel marschiert. Beziehungsweise bleibt, wo man ist.

Meine Vorstellung von der österreichischen Suppe ist immer die einer klaren Suppe. Vielleicht, um wenigstens irgendwo Transparenz vorzufinden, im Bergsee und in der Suppe, während die ansonsten so ornamentale Welt nur selten echte Durchblicke zuläßt.

Freilich gibt es auch gebundene Suppen, die man aber eher als *volle Mahlzeiten* oder *Kraftstoffe* bezeichnen sollte und welche ja in früheren Zeiten den hart arbeitenden Bauersleuten und Knechten als Frühstück dienten. Ich finde diese Suppen prinzipiell unheimlich, und die unheimlichste von ihnen ist sicherlich die *steirische Klachelsuppe*, für deren Zubereitung man eine Schweinsstelze benötigt, wobei das vom Knochen gelöste Fleisch gewürfelt wieder in jene Suppe gelangt, in der es gerade weichgekocht wurde. – Während also in der klaren Rindsbrühe »das Fleisch sich spiegelt«, hat es in der Klachelsuppe etwas von einer gescheiterten Auferstehung an sich. Und so schaut es ja auch aus, wenn das Fleisch in der mit Mehl und Sauerrahm versprudelten und eventuell mit gehacktem Wurzelwerk vermengten Flüssigkeit schwimmt. Ausgesprochen irdisch. Serviert wird die Klachelsuppe traditionellerweise mit einer Schüssel Heidensterz, welcher, wenn steirisch, aus Buchweizenmehl hergestellt wird, also aus einem Korn, das aus heidnischen Ländern stammt. Der Sterz ist *echte* Nahrung. Wer ihn zu sich nimmt, wird ein richtiger Kerl oder ein richtiges Weib. Also Leute, die nicht gleich umfallen, wenn man sie einmal schief anschaut.

Diese Klachelsuppe paßt ganz ausgezeichnet zur namensgebenden Steiermark, von deren Bewohnern es in einem Lied heißt, sie seien so groß und stark und seien wie die Tannenbäume. Wien mag als Landeshauptstadt noch immer eine Art Labor darstellen (ein Max-Planck-Institut des regierenden Wahnsinns) und als vergoldeter Wasserkopf das kulturelle Zentrum des Landes bilden, aber die Steiermark ist sein pochendes Herz. Ein grünes Herz, wie es heißt, und tatsächlich hatte ich als Urlauberkind im Steirischen oft den Eindruck, daß jeder Grashalm hier ungleich grüner und saftiger sei als anderswo; ja unbedingter, gewissermaßen *radikales* Grün. Und weil es sich also um ein Herz handelt, hat man in der Steiermark auch immer das Gefühl, der Boden unter den Füßen würde ein wenig beben.

Irritierend an diesem österreichischen Herz ist nur, daß es sich bei seinen Bewohnern um vom Katholizismus zurückeroberte Protestanten handelt. Das erklärt dann doch, daß bei aller barocken Lebenslust des Österreichers auch ein schwermütiges wie ein widerspenstiges Element mitschwingt. Das katholische Blut wird durch das evangelische Herz gepumpt. Daraus ergibt sich nicht zuletzt eine relativ geringe Begeisterung der Österreicher für den Papst und *seinen* Vatikan. Die Österreicher nehmen »Kirche« wörtlich. Das heißt, sie interessieren sich eher für das konkrete Bauwerk und die darin stattfindenden Bräuche beziehungsweise die darin offenbarte Kultur als für das himmlische Gebäude und die damit verbundenen moraltheologischen Spitzfindigkeiten. Der Papst bleibt ihnen ein Fremder, eine ferne Autorität, welche Italiener und Polen und Afrikaner dirigiert. So tiefkatholisch die Österreicher sind, halten sie sich für auserwählt, ohne genau sagen zu können, welche Funktion, welches Ziel mit diesem Auserwähltsein verbunden wäre. Auf das Ziel kommt es ja gar nicht an. Auch nicht auf den Weg (was mindestens so banal wäre), sondern, wie bereits erwähnt, auf den Umweg.

Aber zurück zur Steiermark, mit der ich in erster Linie die Welt der Pilze verbinde. Natürlich stehen auch anderswo Pilze herum, aber so, wie hier das Grün grüner scheint, scheinen die Pilze fundamentaler, die giftigen giftiger und die eßbaren bekömmlicher. Wer in die Steiermark reist, sollte sich die Zeit nehmen, Pfade abseits touristischer Zonen einzuschlagen, um am Rande der Wälder auf einen *Parasol* zu treffen, den schönsten und edelsten (ich möchte sagen menschenfreundlichsten) aller Pilze. Er versteckt sich nicht, er offenbart sich.

Nach einem Pilz sollte man ohnehin nie suchen, sondern vielmehr ihm begegnen. Daß sich manche Schwämme mittels optischer oder faktischer Giftigkeit schützen, ist wiederum verständlich. Anders der Parasol, dieser mit einem großen, hellbraunen, schuppigen Hut ausgestattete Riesenschirmling, der über ein fischartig weißes Fleisch verfügt und zumeist in Kleinfamilien auftritt.

Essen Sie nur einen Parasol, den Sie auch *selbst* gepflückt haben. Suchen Sie sich in der nächsten Umgebung eine vertrauenswürdige Köchin (oder einen Koch, aber ich befürchte, daß Männer, die kochen, immer Scharlatane sind – man kann das gut im Fernsehen beobachten), und lassen Sie sich den Parasol in feiner Panier herausbacken. Seien Sie mit diesem einen Genuß zufrieden, und fangen Sie nicht etwa an, ein verrückter Pilzesammler zu werden. Obsessives Pilzesammeln ist so schlimm wie Sportfischen. Würdelos. Nein, seien Sie ein Buschmann oder Pygmäe. Gehen Sie respektvoll mit den Geschenken der Natur um. Pilze braucht man weder zu jagen noch auszurotten.

Neben einem Parasol hin und wieder sollte man auch zusehen, einigen *Eierschwammerln*, anderswo Pfifferlinge genannt, über den Weg zu laufen. »Frisch aus dem Wald« ist etwas ganz anderes als »Frisch vom Markt«. Bis ein Eierschwammerl einen Markt erreicht, ist es nämlich keines mehr. Es hat sich verwandelt. Ganz in der Art von Prinzen, die Frösche werden – und die sich ja bloß im Märchen in Prinzen zurückverwandeln lassen (schauen Sie sich einmal das Leben an den Teichen an: viele Frösche, aber kein einziger Prinz).

So ist das leider meistens. Wer jedoch die Norm des Unzurückverwandelbaren ab und zu durchbrechen möchte, der sollte in die Steiermark fahren, tief in den Wald vordringen, ein paar Eierschwammerln in seinen Korb tun, selbige zur nächsten freien Küche befördern und sich sodann eine höchstpersönliche Portion servieren lassen. Und wenn er keinen Schwammerln begegnet oder nur den falschen, die sich mit leuchtendvioletten Hüten oder Weiß auf Rot dem Wanderer rotzfrech entgegenstellen, so kann man wenigstens sagen, im Wald gewesen zu sein, dem sicherlich österreichischsten aller Orte, so wichtig Felder und Dörfer und Städte für den Wohlstand und die Kultur auch sein mögen. Aber im Wald existiert eine Art Urösterreich, ein von Geistern und Zwergen und Trollen und Feen und Elfen, von symbiotischen Wesen (halb Dämon, halb Pflanze) bewohnte Welt, die sehr viel älter ist als die uns vertraute.

Der österreichische Wald ist in weit stärkerem Maße von

solchen Erscheinungen bevölkert als andere Gegenden. Der Boden ist gut für Geister, diese gewisse Unübersichtlichkeit des Geländes, das jedoch frei ist von der Verworrenheit eines Dschungels. Auch Waldgeister lieben eine gewisse Ordnung, eine freundliche Disziplinierung der Natur. Allerdings sind sie sehr viel desinteressierter am Menschen, als etwa die urbanen Luftgeister, welche – wie in Wim Wenders *Himmel über Berlin*, dessen grandioses Drehbuch Peter Handke verfaßte – an den Ohren der Lebenden hängen, an deren gedanklichen Ausstrahlungen. Luftgeister sind geprägt von Mitleid oder Zynismus, die österreichischen Waldgeister aber wollen bloß ihren Frieden. Sie haben nichts gegen Wanderer, solange sich diese anständig verhalten. Wer sich aber danebenbenimmt und in der Art eines Hooligans in die Natur *einbricht*, sollte sich nicht wundern, wenn sich merkwürdige Dinge ereignen, Dinge, die dann als Zufälle oder Tücke des Objekts abgetan werden, nichtsdestoweniger aber einen Schrecken verursachen.

Wer jedoch mit Ruhe und Rücksicht den Wald begeht (und, von wenigen Pilzen und Beeren abgesehen, nichts wegnimmt und nichts hinzufügt, wie Kindergartenkinder das schon lernen), dem ist es gegeben, ein Rauschen und Murmeln, ein Kichern und Pfeifen, ein geistvolles Sprechen wahrzunehmen, eine Geräuschkulisse, die man als die Hintergrundstrahlung Österreichs bezeichnen kann.

Zurück aus dem Wald, wird man allerdings erneut Hunger haben und sich jenen Ausblick verschaffen, den eine Speisekarte bietet. Wobei Speisekarten nicht selten mehr verschleiern, als sie kundtun. Sie verpflichten uns zu einer Entscheidung, die ohne Ängste und Bedenken zu treffen wir selten in der Lage sind. Wieviel besser wäre es oft, würde auch in Restaurants die alte Anordnung gelten: »Es wird gegessen, was auf den Tisch kommt.«

Begeben wir uns wieder zur Suppe und zur Alchemie.

Bezüglich der berühmten Gulaschsuppe soll nur eines gesagt sein, daß es nämlich von den Ungarn heißt, sie seien Meister der Schwarzen Magie.

Zu den weniger gebräuchlichen Suppeneinlagen gehört der Strudel. Und damit wären wir bei jener Mehlspeise angelangt, die zwar nicht die außerösterreichische Strahlkraft einer Sachertorte besitzt, aber dank ihrer Machart perfekt für ein österreichisches Phänomen steht, eben für das des Strudels, im Sinne einer wirbelnden Drehung. Ich halte es für bezeichnend, daß es zwei österreichische Physiker waren, Lense und Thirring, die bereits 1918 die These von rotierenden schwarzen Löchern aufstellten, welche in der Art von Wasserstrudeln den umliegenden Raum mit sich reißen. In Österreich gerät man andauernd in solche zyklonischen Situationen, in denen alles – die Gegenstände, die Menschen, die Argumente – in das Innere eines Kreisels gelangen, wodurch ein sehr unklares Bild der Positionen entsteht. Auffallend dabei ist der souveräne oder lässige Umgang mit dieser Unklarheit. Man kann das oft am politischen Diskurs erleben, wenn widersprüchliche, ungenaue, wild kreisende oder einfältig in ruhiger Mitte schwebende Gedanken mit großer Selbstverständlichkeit und einigem sprachlichen Witz vorgetragen werden. Man kann sagen, daß mit der gleichen spielerischen Eleganz, mit der etwas Richtiges offeriert wird, auch etwas Falsches zur Präsentation kommt, die Wahrheit wie die Lüge, so, als käme es auf den Unterschied gar nicht an, als hätte in einer »ornamentalen« Welt beides seine Berechtigung, beides den gleichen Grundwert, den gleichen Strudelwert. Als sei der Unterschied maximal ein ästhetischer. In einem Strudel kommt es nicht darauf an, *was* gesagt wird, sondern *wie* es gesagt wird. Eine Lüge kann viel länger bestehen, wenn es eine *schöne* Lüge ist. Für die Wahrheit gilt das freilich genauso.

Daß einem in einem Strudel schwindelig wird, versteht sich. Nun, es wird einem auch nach einigen Gläsern Wein schwindelig, ohne daß man sich gegen den Wein wendet oder meint, er würde einen blöd machen. An ein Schwindelgefühl kann man sich gewöhnen, bis man es nicht mehr bemerkt oder es im Sinn einer evolutionären Anpassung für ein normales Leben sogar notwendig ist. Helmut Qualtinger sagte sehr richtig, Österreich sei »ein Labyrinth, in dem sich jeder auskennt«.

In den Strudeln des Landes rotieren die Menschen, rotieren ihre Gedanken. Was nicht im Widerspruch zur oft kolportierten Langsamkeit der Österreicher steht. Erstens sind sie nicht wirklich langsam, sondern umständlich (man könnte auch sagen künstlerisch, Loos würde sagen kunstgewerblich), und zweitens befinden sich die meisten Österreicher in den oberen Sphären des Strudels oder seiner Peripherie, dem Ereignishorizont. Die größte Kunst freilich ist es, tief drinnen im Strudel zu stecken, selbst aber vollkommen ruhig zu bleiben. Eine Kunst, die den Bürokraten nachgesagt wird.

Auch dieses Büchlein folgt wie selbstverständlich der Form des Strudels.

Der bekannteste Strudel ist natürlich der *Apfelstrudel*, dieser mit zerkleinerten, blättrig geschnittenen oder geraspelten Äpfeln, ausreichend Rosinen, etwas Zimt, vielleicht auch gehackten Walnüssen sowie gerösteten Semmelbröseln gefüllte, spiralig eingedrehte Teigkörper, der in seiner Größe und Form an ein Harmonium erinnert. Aus dem Backrohr genommen, wird er nach kurzer Abkühlung mit Staubzucker bestreut, von Banausen leider auch mit Schlagobers versehen, sehr schlimm, oder Vanilleeis, noch schlimmer. (Sie sehen schon, ich bin ein Vanilleeisfeind. Ich kann die eigentliche

Funktion von Vanilleeis nicht erkennen, nicht einmal als Ornament.)

In Anleitungen zur Strudelherstellung wird immer wieder darauf hingewiesen, daß der Strudelteig aus Mehl, Salz, Öl und Wasser so lange *ausgezogen*, also auseinandergewalzt gehört, bis man durch die dünne Teigschichte hindurch eine darunterliegende Zeitung lesen könnte. – Das ist so leicht dahingesagt. Aber welche Zeitung bitte schön möchte man durch einen Strudelteig lesen? Welche Zeitung paßt? Eine gute oder eine schlechte Zeitung? Gibt es überhaupt gute Zeitungen in Österreich? Außerdem: Wenn zuvor gesagt wurde, daß im »österreichischen Strudel« das Falsche und das Richtige, Treffer und Fehlschuß, Lüge und Wahrheit gleichberechtigt sind, dann muß dies wohl erst recht für die Medien gelten.

Darum möchte ich erneut eine ästhetische Entscheidung treffen und meinen, daß es am schönsten wäre, die lachsrosa eingefärbte Tageszeitung *Der Standard* hinter der feinen Nebelwand des gezogenen Strudelteigs zu studieren, obgleich diese Zeitung eigentlich eine der beiden »Achselzeitungen« darstellt, das sind nach meinem Verständnis Zeitungen, welche von gebildeten Menschen in dekorativer Weise unter die Achsel geklemmt werden. In der linken Achsel eben *Der Standard* und in der rechten Achsel *Die Presse*. Hätte der Österreicher eine dritte Achsel, würde er dort wahrscheinlich die *Salzburger Nachrichten* unterbringen. Der *Kurier* wiederum ist die richtige Zeitung, um darin während des Essens zu blättern, wenn man sich aus magentechnischen Gründen nicht aufregen möchte. Und wahrscheinlich ist es auch die geeignete Zeitung, um Reste dieses Essens einzupacken – es stellt geradezu eine Geheimwissenschaft dar, zu wissen, welche Zeitungen sich eignen, welche Dinge einzupacken; Bücher und kleinere Antiquitäten etwa würde ich ausschließlich mit den *Vorarlberger Nachrichten* ummanteln, Pilze zum Trocknen vorzugsweise auf den *Oberösterreichischen Nachrichten* auflegen, Löcher in Wänden mit dem *Wirtschaftsblatt* stopfen, Schußwunden würde ich zur Not mit der *Wiener Zeitung* abdecken und das Innere von Schubladen vornehmlich mit Seiten der *Kleinen Zeitung* auskleiden. Wofür sich die neugegründete Druckschrift mit dem Namen *Österreich* eignet, kann ich nicht sagen, ich weiß es nicht, aber ich glaube kaum, daß man damit gute Bücher oder Antiquitäten einpacken sollte. Und am allerwenigsten das eigene Essen.

Bleibt von den »lebenden« überregionalen Tageszeitungen die anfangs bereits erwähnte und unbedingt empfohlene *Kronen Zeitung*, die mit Abstand auflagenstärkste, weniger dem Boulevard als der Meinungsbildung verpflichtete Gazette, bei welcher sich immer wieder die Frage stellt, ob sie den Leuten aufs Maul schaut oder eher die von ihr gedruckten Anschauungen direkt ins Maul der Leute wandern. Wahrscheinlich ist es ein Wechselspiel, ein gegenseitiges Sichaufschaukeln von Zeitung und Leser, von geschriebenem Wort und »eigener« Meinung, eben eine strudelartige Verbindung von Hülle (Zeitung) und Fülle (Volk). Die rechtspopulistische, die üblichen Ressentiments bestätigende und fördernde Strategie der Zeitung nährt natürlich den Verdacht und das Vorurteil, beim üblichen Österreicher handle es sich um einen faschistoiden Kleinbürger oder wie Professor Robert in Bernhards *Heldenplatz* urteilt: »...sechseinhalb Millionen Debile und Tobsüchtige.« Doch ich glaube, daß der eigentliche Antrieb eine ganz prinzipielle Antihaltung ist, kein *spezielles* Ressentiment, sondern ein *fundamentales* Ressentiment, ein im Grunde gegen sich selbst gerichtetes Vorurteil. Ausländerhaß und Antisemitismus sind in Österreich bloß die Vorderseite einer Münze, auf deren Rückseite der Selbsthaß steht, der wiederum der Zwilling der Eigenliebe ist. Der Österreicher ist sehr viel weniger mit den anderen beschäftigt als mit sich selbst. Der Strudel reißt die Dinge mit sich, nicht umgekehrt. Das geht so weit, daß alles in der Welt durch eine österreichische Brille, durch ein österreichisches Gitter betrachtet und bewertet wird. Die vielen kurzen, sehr persönlich, leidenschaftlich und antiintellektuell gehaltenen *Krone*-Kolumnen dokumentieren weniger ein konservatives Weltbild denn eine kleinbürgerlich selbstreferentielle Haltung. Ein Wir-sind-wir-Gefühl als fast schon verzweifelt vorgetragener Schutzschild gegen eine verrückt gewordene Welt. Gegen eine Moderne, die man ausschließlich in ihren negativen Auswirkungen erkennt. Die *Kronen Zeitung* bestätigt die beiden stärksten Gefühle der Menschen: Angst & Stolz (andere sagen dazu: Paranoia & Größenwahn).

Mittels der *Kronen Zeitung* verfügt der Österreichreisende somit über ein Medium, welches ihn so tief wie möglich in die Seele der Österreicher schauen läßt. Daß mit der Tiefe die Dunkelheit zunimmt, liegt in der Natur der Sache.

Zu allem, was lebt, gehört auch das Ausgestorbene. Und wenn man sich also vorstellt, wie der Modellösterreicher drei Zeitungen unter seinen drei Achseln trägt und wie er Bücher und Antiquitäten in Zeitungspapier packt und wie er in einer dieser Zeitungen auch wirklich liest, so schwebt über ihm – in der Art eines fliegenden Holländers – eine ausgestorbene Zeitung, die *Arbeiter-Zeitung*. Eingestellt im Jahre 1991, lange wirkend als Zentralorgan der österreichischen Sozialdemokraten, steht sie dafür, was die österreichischen Sozialdemokraten gerne mit den Dingen machen: sie nämlich umbringen. Für alles, was die Sozialisten erschaffen haben, und das ist sehr viel Gutes, finden sie auch einen Weg, es wieder zu zerstören. Sie sind wie Performancekünstler, die am Ende der Ausstellung die eigene Kunst zerschlagen, oder wie Rockmusiker, die nicht ohne eitles Vergnügen die Gitarre demolieren, mit der sie eben noch so wunderbar musiziert haben. – Das ist eine traurige Sache. Die *Arbeiter-Zeitung* ist eine von vielen roten Engeln, die über Österreich flattern.

Wie schon im Falle der Palatschinken (kommt über ungarisch-rumänische Umwege vom lateinischen *placenta*, also Kuchen) möchte ich von salzigen Strudeln abraten, so gut sie schmecken mögen, etwa mit weißen Bohnen oder Blattspinat. Aber eine bestimmte Sache sollte in einer bestimmten Sphäre verbleiben. Pudel sind Schoßtiere und keine Kampfhunde. Und zum Strudel paßt nun mal das Süße eindeutig besser. Apfel oder Topfen oder Rhabarber oder Mohn. Ein süßer Strudel besitzt eine Aura, ein salziger nicht. Und man muß nicht das Shining besitzen, um das zu erkennen.

Ebensowenig braucht man das Shining, um bereits aus größerer Entfernung zu begreifen, daß es sich bei dem würfelförmigen Objekt mit knallrosa Zuckersturz um eine *extreme* Süßigkeit handeln muß: den Punschkrapfen. Ich bringe diesen kleinen Kubus – aus Biskuitteig, Marmelade und Schokolade gezimmert, mit ausreichend Rum vollgesogen und einer den Blick einfangenden Außenschicht in Mannerrosa – vor allem mit den Aida-Lokalen in Verbindung, einer in Wien ansässigen Konditoreikette. Wahrscheinlich des Rosas wegen, in das auch die Damen gekleidet sind, die in den Aida-Lokalen servieren, und welches ja, das Rosa, sowieso die österreichischste aller Farben darstellt, praktisch zwischen dem Grün der Wälder und dem Sepia der Abgründe. Rosa ist eine dekorative Farbe, eine Farbe, die aber immer ein wenig verunreinigt anmutet, jedoch in der Art, wie man sagen kann, Schnaps sei verunreinigter Alkohol.

Heutzutage, wo immer mehr Wiener Kaffeehäuser den Eindruck einer Kopie oder Karikatur vermitteln, kann ich nur empfehlen, »eine Aida« aufzusuchen. Diese Lokale besitzen den Charme von Miederboutiquen, verwenden für ihren Kaffee mild geröstete Arabicabohnen, kredenzen eine gediegene Palette von Süß- und Mehlspeisen (ohne aber in die aufgeregte Draperiekunst von Konditoreiweltmeistern zu verfallen), und man kann dort auf ein gutes Publikum treffen, Leute, die sich weit weniger professoral oder bohemienhaft gerieren als im Kaffeehaus. In die Aida geht man tatsächlich der Torten und Kuchen und Golatschen wegen, sicher auch, um zu tratschen, aber kaum um der Selbstdarstellung willen. Was nicht zuletzt mit den Damen in Rosa zusammenhängen dürfte, die auf eine unspektakuläre Weise elegant, aber auch ein wenig streng, ja dominant anmuten, ähnlich den Verkäuferinnen in Palmers-Geschäften. Diese Strenge kommt nicht unfreundlich daher, aber sie beeindruckt, sie führt dazu, daß selbst die Lautstarken sich zurücknehmen. Die Aida-Damen sind gleich souveränen Flugbegleiterinnen, die ihre Kunden zu bedienen wissen, gleichwohl keinen Spaß verstehen, wenn es um die Einhaltung der Sicherheitsbestimmungen geht. Anschnallen heißt anschnallen. Nicht zuletzt beim Flug durch die Welt der Mehlspeisen. Zudem suggeriert diese Strenge eine Beherrschung des Schicksals. Mit solchen Stewardessen kann es keinen Absturz geben. (Umso erstaunlicher die bekanntermaßen schlechte Bezahlung der Aida-Damen. Man hat manchmal das Gefühl, als hätten nicht wenige Unternehmer eine Freude daran, die Götter zu provozieren.)

Im Kaffeehaus hingegen ist man des öfteren mit Kellnern konfrontiert, die ganz eindeutig der dunklen Seite der Macht angehören. Natürlich gibt es Ausnahmen – es gibt auch weiße Krokodile und alle heilige Zeiten Schnee in Jerusalem –, doch der klassische Kaffeehauskellner wurde erfunden, um den Gast auf die Probe zu stellen. Wieviel er sich gefallen läßt. Der Kaffeehausgast braucht sich nicht anzuschnallen, braucht keine Regeln einzuhalten, kann seine Show abziehen, ob er jedoch bedient wird – sofort oder später oder gar nicht –, steht auf einem anderen Blatt. Hängt nun mal von den Kellnern und Obern ab, die das Prinzip der Willkür vertreten, so, wie man es aus der Bürokratie kennt. Und wie auch in der Bürokratie, ist es ein großer Irrtum, zu meinen, es gebe ein exaktes Verfahren, die Kellner (verwandt mit Richtern, Polizisten und Sprechstundenhilfen) durch ein bestimmtes Auftreten und Benehmen für sich einnehmen zu können. Kellner sind immun gegen Verführung. Sie bewegen sich in höheren Sphären, wie einst Lehrer, wenn sie die Notengebung von der eigenen Laune abhängig machten. Viele Menschen, die ins Kaffeehaus gehen, schätzen genau diese Unabwägbarkeit, die ihnen als aufregend und stimulierend erscheint. Kaffeehausgehen ist eine Abenteuersportart für Bewegungsunfreudige.

Wer aber das Service und die Sicherheit einer durchorganisierten Fluggesellschaft schätzt, der sollte ein Aida-Lokal aufsuchen, sich brav hinsetzen, einen Punschkrapfen bestellen und die Aussicht genießen (wobei auch außerhalb von Wien gilt, daß die Konditorei der sicherste Ort ist). Und wenn Sie hin und wieder von einer Kaffee- oder Teetasse angesprochen werden, bleiben Sie ganz ruhig. Es hat nichts zu bedeuten. Das österreichische Geschirr hört sich gerne selbst beim Reden zu und erwartet nicht wirklich eine Antwort von Ihnen.

Ich gestehe, um die *Sachertorte* habe ich mich herumgedrückt. Es ist so schwer etwas über sie zu sagen, weil sie so berühmt ist. So wie es schwer ist, etwas über Maria Callas zu sagen, wenn man ihren Gesang gar nicht so übermenschlich findet, oder über Freud, wenn man ihn für kindisch hält. Trotzdem muß ich mich aus dem Fenster lehnen und erklären, daß ich die Sachertorte für maßlos überschätzt halte, sowohl die »Original-Sachertorte« (von Sacher, *mit* Marillenmarmelade in der Mitte) als auch die Demelsche Sachertorte (*ohne* Marillenmarmelade in der Mitte).

Es ist die einzige Torte oder Süßspeise, bei welcher die Begleitung von Schlagobers absolut nötig ist. Schlagobers ist ja eigentlich die Crème fraîche der Dessertküche. Man kann damit den letzten Dreck noch retten. Der Schlagobers neutralisiert die Sachertorte, welche ohne diesen Schlagobers so schmeckt, als handle es sich um ein Neben- oder Abfallprodukt von etwas ungleich Besserem. Man könnte auch sagen, wie die Schale einer Frucht, wie ein Ersatzstoff, eine Paralleltorte. Jedenfalls habe ich beim Verzehr immer den Eindruck, man würde mir etwas vorenthalten, man hätte mir die falsche Torte vorgesetzt, Schokolade, die keine ist, obgleich gerade um die Zusammensetzung der Schokoladeglasur ein großes Theater gemacht wird. Doch wenn die Ingredienzien und die Rezeptur eines Produkts verheimlicht werden, kann das immer zwei Gründe haben. Bei synthetischen Artikeln befürchten wir natürlich das Schlimmste. Bei einer Torte aber, die noch dazu das Prädikat »Original« trägt, wiegen wir uns in Sicherheit. Ich denke, daß der langjährige Streit zwischen dem Hotel Sacher und der Hofzuckerbäckerei Demel um das Recht, die eigene Sachertorte als die originale zu bezeichnen, ein einziger Schmäh gewesen ist. Keins von den zwei Ungetümen ist die wirkliche Sachertorte. Die wirkliche Sachertorte ist eine Legende. Oder es handelt sich um eine zwischenzeitlich unbekannte Vorläuferin. Oder sie existiert tatsächlich heute noch, dann aber bloß für ein paar Eingeweihte, die üblichen Logenbrüder, die verächtlich auf ein Volk sehen, das ihnen wieder mal auf den Leim gegangen ist.

Ich habe einmal geschrieben, die Sachertorte schmecke so, wie sie aussehe: ein braunes Loch statt eines schwarzen. – Na, dann schon viel lieber ein Mohr im Hemd, selbst wenn er aus der Tiefkühltruhe kommt.

Braune Löcher sind wie schwarze, sie verschlucken alles, nicht zuletzt die Liebe zum Essen. Apropos: Über das Schnitzel, auch *Wiener* Schnitzel genannt (wie man ein Unglück manchmal auch als ein *großes* Unglück bezeichnet) muß natürlich noch gesprochen werden. Das Schnitzel gilt ja vielen als *der* Ausdruck des Österreichischen. Hier ist es ein Stück geklopften Kalbsfleisches (als wollte man etwas Totes noch toter machen), das von einem Mantel aus Bröseln verborgen wird. Wenn man sodann – und dies ist unerläßlich – den Saft einer Scheibe Zitrone über die Panier tröpfelt, ist das so, als wollte man den Mantel transparent machen, um einen ersten Blick auf das solcherart umhüllte Fleisch zu tun. Für die besonders Ängstlichen – und wir würden nicht so viel Lärm um das Essen machen, wenn wir uns nicht davor fürchten würden – gibt es die Schnitzelsemmel, also ein zwischen die Hälften einer goldgelben Semmel gefügtes goldbraunes Schnitzelstück. Viel Gold, aber kompakt.

Ein auf dem Teller serviertes Wiener Schnitzel hingegen kann den Leuten gar nicht groß genug sein. Das Schnitzel ist eine Macht, und das soll jeder sehen. Dazu paßt, daß man einst in Konstantinopel das Fleisch mit Goldplättchen zu panieren pflegte, um zu demonstrieren, keiner von den Armen zu sein. Und auch heute noch kommt es auf die Panier an. Sie soll dem Betrachter die Sinne rauben. Ihn gewissermaßen blind machen für alles andere als dieses Schnitzel. Der

Geschmack an sich ist relativ banal. Sogar ein gelungenes Wiener Schnitzel hat immer etwas Zähes. Es ist, als würde sich die Speise ein Stück weit dem Verzehr verweigern. Bei manchen Essern hat man das Gefühl, daß erst die Beilage es ihnen ermöglicht, zum Schnitzel vorzudringen. Sich etwa über den Umweg der viel geschmackvolleren Petersilkartoffel dem Fleisch zu nähern. Darum ist der Salat so wichtig. Leute, die ihr Schnitzel ohne Salat essen, haben etwas Heldisches oder auch Dümmliches. Gleich Kerlen, die mit bloßen Händen gegen einen Tiger kämpfen.

Daneben gibt es auch Leute, die ihr Schnitzel mit Pommes bestellen. Nun, es gibt auch kleine Kinder, die Sand essen und deren Eltern meinen, das sei gut für die Kinder, der Mineralstoffe wegen, selbst wenn der Sand nach Hundepisse riecht.

Ich kann nur empfehlen, anstatt des Wiener Schnitzels das sehr viel leichter und luftiger anmutende Pariser Schnitzel zu ordern, oder aber richtig mutig zu sein und ein massives Cordon Bleu zu bestellen, bei dem das eingemantelte Stück Fleisch seinerseits eine Fremdmasse beherbergt, eine von zwei Käsescheiben flankierte Scheibe Schinken, sodaß sich insgesamt eine schnittenartige Konstruktion ergibt, ein vielfaches Verbergen. Als hätte der Koch einen Liebesbrief tief in das Fleisch gefügt. Oder eine Drohung.

Man kann natürlich auch einfach ein Naturschnitzel bestellen, welches in seinem Saft liegt wie andere in der warmen Lauge ihres Badewassers. Genauso sieht es dann aus. Beim Essen ist die »Natur« eher eine Enttäuschung. Dann schon lieber Blattgold.

Ich weiß nicht, ob man sagen kann, Österreich sei ein Land der Schnitzelesser. Vielmehr fühlen sich die Leute verpflichtet, hin und wieder ein solches zu konsumieren. Wie man am Sonntag in die Kirche geht oder zu bestimmten Anlässen eine

Tracht trägt. Aber der Österreicher an sich würde wahrscheinlich auf die Frage, welche drei Speisen er auf eine einsame Insel mitnehmen möchte, nicht das Wiener Schnitzel nennen, so wie er wahrscheinlich auch seine Tracht nicht mitnähme.

Nein, auf dieser einsamen Insel wäre es sicher das beste – um eben die Einsamkeit zu ertragen, vielleicht sogar sie zu schätzen –, sich mit drei Süßspeisen einzudecken, die dem Gestrandeten zwar keinen Rat bieten, aber sehr wohl Trost spenden. Ich würde vorschlagen: gewuzelte Mohnnudeln, Powidltascherln (»aus der schönen Tschechoslowakei«) und gebackenen Holler.

Wer braucht schon Rat, wenn er Trost kriegt?

Der Österreicher und das Sonderliche

Die Spezialform des Allgemeinen

Das Sonderbare ist in Österreich der Regelfall, nämlich die Tradition, eine exaltierte, eine *skulpturale* Verhaltensweise an den Tag zu legen. Jeder Österreicher ist ein kleines Denkmal. So wird das Besondere zum Normalen, und man verbindet den Zwang, sich gesellschaftlichen Usancen entsprechend zu verhalten, mit dem Bedürfnis nach Eigentümlichkeit. Die österreichische Verrücktheit bewegt sich somit auf geordneten, reglementierten Bahnen, deren Schienenführung von einer höheren Willkür bestimmt scheint. Als würde über allem eine Majestät walten, die da sagt: »Was verrückt ist, das bestimme ich.«

Neben diesem kollektiven Sonder*baren*, existiert aber natürlich auch die Abweichung: das Sonder*liche*: die Verrücktseinsleistung einzelner Individuen abseits der Schienenführung. Ich meine damit aber keineswegs Leute, die unabhängig von der allgemeinen österreichischen Verrücktheit agierten oder agieren. Vielmehr sind sie aus ihr herausgewachsen, wären ohne sie undenkbar, ohne die Prinzipien Ornament & Größenwahn.

Eins der schönsten Beispiele – und schon dem Namen nach das zentrale – ist die *Weltmaschine* des Franz Gsellmann, welche sich folgerichtig im österreichischen Herz, also der Steiermark, befindet. Genauer gesagt im oststeirischen Ort Kaag bei Edelsbach. Dort kam Gsellmann 1910 auf die Welt, und dort starb er 1981. Dazwischen baute er in einem Schuppen seines Gehöfts eine mit Motoren ausgestattete, vielteilige, aus Weggeworfenem zusammengesetzte Apparatur, deren Sinn – wie der Name schon sagt – das Funktionieren der Welt ist. Und zwar in der Art der Unruhe einer Uhr. Das ist keine Kleinigkeit, die Welt von einem oststeirischen Ort aus, wo sich Fuchs und Hase noch gute Nacht sagen, in Bewegung zu halten. Herr Gsellmann hat mit augenzwinkernder Bescheidenheit – kein Weltenlenker, sondern ein Weltlenker – die Frage nach der Bedeutung seiner Maschine damit erklärt, daß sie, die Maschine, für irgend etwas schon gut sein werde.

Ich bin übrigens der Überzeugung, daß es sich bei der von Gsellmann so bezeichnenden »Maschin«, die bis heute in bestem Zustand gehalten wird, um ein Perpetuum mobile handelt. Die über zwanzig Motoren mögen helfen, den Lärm, der von der Konstruktion ausgeht, das Klingeln und Scheppern und Dröhnen und Brummen, den mächtigen Weltatem, zu verstärken sowie das eine oder andere Lämpchen zum Leuchten zu bringen. Aber die Bewegung des Ganzen stellt ein In-sich-Greifen dar, einen Bewegungshaushalt, ein fröhliches Tanzen und Springen und Drehen (ein Strudeln), welches auf einer Energiezufuhr beruht, die aus dem Nichts hochsteigt. Aber sicher nicht aus diversen Motoren. Diese Maschine treibt die Welt nicht nur an, sondern ist gleichzeitig auch ihr Symbol. Wird sie in Gang gesetzt, ist sie eine beeindruckende Furie, ein zur Megalopolis gewordener Zauberwald, ein explodierender Zeichentrickfilm, eine übervolle Leere, ein Dauerregen von Antworten auf nie gestellte Fragen. Sobald man jedoch die Maschine in ihrem Stillstehen betrachtet, erkennt man, was die Welt in ihrem Innersten zusammenhält: schlichte, sinnlose Schönheit.

Im Falle von Franz Gsellmanns Weltmaschine setzt sich diese Schönheit aus grell bemalten Rädern und Röhren, aus Uhren und Lampen, aus heiligem Kitsch und heiligem Müll zusammen, aus diszipliniertem Gedränge und drängender Materie. Alles und jedes hat seinen Platz und seine Berechtigung. Und es ist mehr als bloß kunsthistorischer Eifer, wenn die Erben und heutigen Betreiber der Apparatur bei der Instandhaltung darauf achten, originale Ersatzteile einzusetzen. So sehr es glücklichen Zufällen zu verdanken gewesen sein mag, welche Fundstücke Franz Gsellmann im Laufe seines Lebens aufgetrieben hat, um sie in seine Maschine zu integrieren, so prägend und unumstößlich sind die Folgen dieser Zufälle. Und darum werden Gäste und Interessierte gerne gebeten, passende Teile zur Verfügung zu stellen, mitunter spezielle Lämpchen, aber auch mal eine ganze Madonnenstatuette mit sieben in Rosen gebetteten Glühbirnen und fünf in Kerzenform. Oder eine Spielzeugrakete mit der Aufschrift »United States«.

Ich behaupte sicher nicht, daß Gsellmanns Maschine als einzige die Welt in Gang hält. Weder besteht sie seit Anbeginn der Zeit, noch ist sie ständig in Betrieb. Aber darum geht es nicht. Es geht um Zeichen und Gleichnisse. Ohne diese Zeichen und Gleichnisse hätte die Welt kein Gesicht, sie wäre tatsächlich so leer, wie mancher sie empfindet.

Es sollte noch erwähnt werden, daß nahe dem Schuppen, in dem die Weltmaschine wie ein ewiger Embryo hockt, auch ein Verkaufsshop geführt wird, in welchem Produkte der Umgebung angeboten werden. Darunter *steirisches Kürbiskernöl*, welches ganz sicher das beste, gesündeste und eigenwilligste Speiseöl ist, das sich denken läßt. Sie sollten es aber nicht an einen schnöden Salat verschwenden, sondern auf ein »unbehandeltes« Stück Brot tröpfeln. Wenn ich etwas bedaure, dann die Unmöglichkeit, aus diesen Kürbiskernen Whisky herzustellen. Jedenfalls halte ich es für ein Muß, daß, wenn jemand Österreich wieder verläßt, er neben Mannerschnitten, Schwedenbomben, einer Flasche, gefüllt mit Wiener Hochquellwasser (also Leitungswasser), auch frisches steirisches Kürbiskernöl in seinem Gepäck mit sich führt. Und wenn selbiges aus dem Dunstkreis der Weltmaschine stammt, umso besser.

Gewissermaßen als radikales Gegenstück zu der in tiefster Provinz stehenden, barocken Weltmaschine, die ein Mann errichtete, der sein Leben als Bauer zugebracht hat, fungiert ein Gebäude in der Wiener Kundmanngasse, eine Villa, die dann passenderweise als *Wittgenstein-Haus* in die Geschichte einging. Weniger, weil dieses Haus allein von Wittgenstein entworfen worden war (der Architekt Paul Engelmann hat ganz sicher einen wesentlichen Beitrag dazu geleistet), sondern da der berühmte Name in perfekter Weise für eine hausgewordene Denkleistung steht. Für eine stichhaltige Reduktion des Möglichen auf das Möglichste. Ja, eigentlich könnte man dieses Gebäude als ein Vorwort zur Welt bezeichnen. Eine Einführung, die den Rest überflüssig erscheinen läßt, so wie ja auch der Epilog zu Wittgensteins philosophischem Hammer, dem *Tractatus*, dazu verführt, sich mit dem eigentlichen Text gar nicht mehr beschäftigen zu wollen.

Und in der Tat schrieb Wittgenstein an Ludwig von Ficker, den Herausgeber der Zeitschrift *Brenner*, welcher das fingerbreite Jahrhundertwerk ebenfalls *nicht* publizierte: »Ich würde Ihnen nun empfehlen, das Vorwort und den Schluß zu lesen, da diese den Sinn am Unmittelbarsten zum Ausdruck bringen.« Und im Vorwort selbst heißt es: »Ich bin also der Meinung, die Probleme im wesentlichen endgültig gelöst zu haben. Und wenn ich mich hierin nicht irre, so besteht nun der Wert dieser Arbeit zweitens darin, daß sie zeigt, wie wenig damit getan ist, daß die Probleme gelöst sind.« Wie ungemein österreichisch! Einerseits die selbstverständliche, locker hingesetzte Hybris, andererseits der saloppe und wegwerfende Umgang mit der eigenen Leistung (die man sich freilich von niemand anderem als von sich selbst in Frage stellen läßt).

Auch dieses Haus in der Kundmanngasse, geplant und errichtet von dem gerade erst gescheiterten Volksschullehrer Ludwig Wittgenstein für seine Schwester Margaret Stonborough, kann als »Weltmaschine« begriffen werden. Idealerweise ist es wie die meisten Häuser unbeweglich, nur daß die meisten Häuser kaum imstande sind, statt sich selbst die Welt zu bewegen oder auch nur widerzuspiegeln. Was sie widerspiegeln, ist selten mehr als das »nackte Wesen« ihrer Erbauer oder Benutzer. Das Wittgenstein-Haus aber ist eine einzige Ornamentverbannung, warum man glauben könnte, es handle sich um eine große anti-österreichische Geste.

Wenn man sehen möchte, was Österreich *nicht* ist, dann sollte man sich dieses Gebäude anschauen, seine Wände, die nichts als Wände sind, seine Fenster, die von oben bis unten nichts als Fenster sind, gleich wie sehr man sich bemüht, etwas anderes als eine Fensterexistenz in sie hineinzudichten. Ein Treppenhaus, welches tatsächlich den Treppen ein Haus bietet. Und dies alles ist sehr viel weniger Funktion als pures Vorhandensein. Die Räume existieren. Die Türen existieren. Die Funktion, die Praktikabilität ergibt sich nebenbei, weil das bloße Vorhandensein eben auch einen Nutzen abwirft für die, die sich dieser Räume und Türen bedienen. Das Wittgenstein-Haus repräsentiert die Welt als Grenze. Als Grenze zum Jenseits, als Grenze zum Kosmos, zeigt aber, daß man innerhalb dieser Grenzen auch ganz gut leben kann. Ja, daß sich durch kein Fenster so gut schauen läßt wie durch eines, das nichts als ein Fenster ist. – Das hat übrigens nichts mit der Moderne zu tun. Dieses Haus, fertiggestellt 1928 (man könnte auch sagen »zu Ende gedacht«), entzieht sich der Architekturgeschichte, umgeht sie, so wie man die sogenannten Hundstrümmerln auf dem Trottoir umgeht. Es ist kein ideologisches Gebäude, das Anti-Österreichische ergibt sich zwangsläufig und bezieht sich ebenso auf die moderne und zeitgenössische Architektur, welche ja ebenfalls im Österreichischen gefangen ist, also im Ornament und im Strudel. Das Wittgenstein-Haus aber ignoriert diesen Strudel. Freilich muß man sagen, daß der Strudel auch das Wittgenstein-Haus ignoriert. – Unbedingt anschauen, wie da eins am anderen vorbeizieht.

Ganz im Unterschied zu den Gebäuden des Adolf Loos, etwa dem berühmten *Haus am Michaelerplatz*, das an wunderschöner Stelle, inmitten der Wiener Herrlichkeit, seine Gegenposition lautstark verkündet. Es schreit förmlich: *Seht mich an! Ich pfeif auf jede Zierde. Ich bin rein und gut und stark und unverdorben. Und schön bin ich auch noch.* – Und darum heißt ja auch einer von Loos' Aufsätzen *Ornament und Verbrechen*. Es versteht sich, daß fast jeder diesen Aufsatztitel kennt, aber kaum jemand den Aufsatz, so wie man Doderers *Strudlhofstiege*, Musils *Mann ohne Eigenschaften* und Stifters *Witiko* vor allem vom Titel her kennt. Denn nicht der Text, sondern der Titel ist Ornament, und nur das Ornament zählt. Man schmückt sich mit einem hübschen Buchtitel wie mit einem akademischen Grad oder einem eleganten Seidenschal. Der Schal verleiht seinem Träger eine Aura. Wobei der wahrscheinlich wirkungsvollste und originellste »Schal« von Peter Handke stammt: *Die Angst des Tormanns vorm Elfmeter.*

Loos' stichhaltige Argumente gegen das Ornament ignorieren dessen genetische Bedingtheit, das Bedürfnis nach Unruhe und Ablenkung und Blendwerk. Ja das Bedürfnis nach dem Häßlichen, das dann für das Schöne gehalten wird. Loos entwickelt eine aristokratische und elitäre Haltung und meint: »Ornamentlosigkeit ist ein Zeichen geistiger Kraft.« Das stimmt sicherlich. Doch diese »geistige Kraft« ist von viel zuviel Ernst und Bitterkeit und einer diätetischen Strenge getragen, als daß sie sich in diesem Land halten könnte. Es herrscht hier ein übermächtiger Drang nach der Signatur. Und nach der Physiognomie. Nach einem Gesicht. Und für den Österreicher ist nun mal ein glattes Gesicht *kein* Gesicht (eigentlich eine sympathische Haltung).

Wenn man an »Signatur« denkt, muß man den Namen Kyselak erwähnen, den Ahnherr all jener, die ihre Namen auf die Wände der Städte sprühen und daraus eine Kunst machen, die mindestens so dekorativ ist wie eine Gefängnishaustapete (Loos prophezeite, es werde eine Zeit kommen, in der die Einrichtung einer Zelle durch den Hoftapezierer Schulze oder den Professor van de Velde als Strafverschärfung gilt).

Josef Kyselak wurde 1795 oder 1799 geboren, wobei es nach meiner Theorie »echter« Doppelgänger und »unechter« Zwillinge gut möglich ist, daß beide Geburtsdaten stimmen. Denn auch in Kyselaks Fall würde eine Doppelgängerschaft so manches Phänomen erklären. Darum muß auch der ohnehin nicht ganz gesicherte Todestag 17. September 1831 als bloß *ein* möglicher angesehen werden. Wahrscheinlich starb unser Josef

Kyselak nicht nur einmal, sondern mehrmals und zu verschiedenen Anlässen.

Herrn Kyselak darf man als einen Surrealisten des Alltags bezeichnen, der mit selbstverständlicher Nonchalance und ernstem Witz eine kleine Manie zur großen Tat kultivierte, indem er seinen Namen (des öfteren mit einem vorangesetzten »i.«) bzw. den Schriftzug »Kyselak war hier!« auf künstliche und natürliche Architekturen, auf Gebäude, Wände, Säulen und Felsen kritzelte, mitunter auch ritzte und mit Farbe versah, äußert akkurat, und angeblich auch eine Schablone zum Einsatz brachte. Dies unternahm er einerseits in seiner Funktion als Bergsteiger und Reisender, dann wiederum als sicherlich nicht ungebildeter, wenngleich subalterner Registratur-Accessist, der auf dem Weg zur und von der Arbeit an so mancher Stelle vorbeikam, die geradezu danach bettelte, eine Beschriftung zu erhalten. – Alle Dinge wollen signiert werden. Eben nicht nur Grabsteine und Kunstwerke und Gesellschaftsverträge. Es ist eine schöne, aber leider aussterbende Tradition, wenn sorgsame Hausfrauen in Stoffservietten und Handtücher, in Bettlaken und Unterwäsche Initialen oder ganze Namen einsticken. Mit Textilien, die solcherart gekennzeichnet werden, wird sehr viel sorgfältiger umgegangen. Wirft man sie weg, ist das, als würde man einen Teil von sich selbst entsorgen. Als verstoße man eine Fingerkuppe. Was man freilich nicht tun wird. Das wissen die Dinge und sehnen sich darum nach einer Signatur, einer individuellen Kennzeichnung. Denn auch die Dinge wollen nicht verstoßen werden.

Indem Herr Kyselak seinen Namen an vielen Orten des Landes (und sogar außerhalb davon) verewigte, hat er nicht zuletzt einen ewigen Anspruch zum Erhalt dieser Plätze und Orte gesetzt. Natürlich haben Krieg und Zerstörung und

Stadtentwicklung und Wind und Wetter diesem Anspruch entgegengewirkt, aber wichtig ist die Symbolkraft der übriggebliebenen Kyselakschen Markierungen, etwa auf einem Obelisken im Wiener Schwarzenbergpark oder auf Kletterwänden in diversen Gebirgen. Es verwundert dabei gar nicht, daß bis heute immer wieder neue Funde auftauchen, die auf Nachfolger und Anhänger Kyselaks verweisen, manchmal auch als »Kisselak« geschrieben. Ich selbst habe auf der Außenwand der Stuttgarter Hauptbücherei – passenderweise handelt es sich um ein königliches Palais – ein eingeritztes *KYSELAK* entdeckt, wobei es sich höchstwahrscheinlich um eine zeitgenössische Wandeintragung handelt, um die Tat eines Kyselakisten.

Und erneut erfüllt sich der Tatbestand des Ornaments, obgleich es sich bei den Kyselakschen Interventionen natürlich um ironische und anarchische Ornamente handelt. Um einen Widerspruch als solchen, einen poetischen Vandalismus, eine Geste frei von offenkundigem Sinn, frei von Zweck und Propaganda. Dazu paßt die wunderbare Anekdote, nach welcher Kaiser Franz I. seinen Beamten Kyselak zu sich berief, um ihm die Verschandelung von Gebäuden und Objekten zu untersagen. Selbstverständlich versprach Kyselak dem Monarchen, sich zu bessern. Nachdem er aber den Raum verlassen hatte, entdeckte man, in den kaiserlichen Schreibtisch eingraviert, Kyselaks Namen plus Datum (es ist auch von einem Aktendeckel oder von einer Schreibunterlage die Rede – egal!). – Ich kenne keinen schöneren Akt eines stillen Aufbegehrens, diesen Triumph des Persönlichen über die feudale Macht. Und dieser Triumph ergab sich noch dazu in einer Epoche scharfer Kontrolle und übler Repressalien, in einer Epoche verordneter Gesinnungsschnüffelei und totaler Humorlosigkeit. Verwirklicht von einem kleinen

Beamten. Kyselak war der Geist aus der Flasche. Einen Geist – ist er mal aus der Flasche raus – kann man nicht kontrollieren.

Es ist sehr zu empfehlen, daß jedermann, Österreicher wie Nichtösterreicher, wenigstens einmal in seinem Leben den Namen »Kyselak« in eine Wand, auf eine Türe, eine Scheibe oder in den Tisch seines Vorgesetzten ritzt. Oder wenigstens auf ein beliebiges Dokument, eine Unterschriftenliste oder in ein Bibliotheksbuch notiert. Denn auch dieser Name funktioniert ähnlich wie eine Weltmaschine. Solange derartiges geschieht, hört die Welt nicht zu atmen auf.

Angeblich geht Kyselaks Treiben auf eine Wette zurück, nach welcher er innerhalb von drei Jahren zu einer Berühmtheit aufsteigen wollte, was ihm ja tatsächlich gelang. Doch ich halte diese Version für zweifelhaft. Die kolportierte Wettgeschichte erscheint mir bloß als der Versuch, einer verwirrenden, weil scheinbar sinnlosen Handlung einen verstehbaren Zweck zu unterlegen. Kyselak hat sich ja nicht einmal als Künstler aufgespielt. Er war kein Andy Warhol seiner Zeit. Künstler instrumentalisieren das Sinnlose. Nicht so Kyselak. Er tritt ganz hinter seine Tat zurück. Und verschwindet im Licht des eigenen Namens.

Weil nun aber auch die Österreicher hin und wieder eine Schublade aufmachen, wird Josef Kyselak im *Biographischen Lexikon des Kaiserthums Österreich* als »Sonderling« aufgeführt, also als Spezial- oder Sonderfall des Allgemeinen. Und es ist mehr als ein Klischee, wenn ich meine, daß im Österreichischen die Grenze zwischen konventionellen Bürgern und Sonderlingen mitunter schwer zu ziehen ist. Das heißt nicht, daß in Österreich per se Verrückte hocken und sich merkwürdigen Obsessionen hingeben. Aber die ständige Nähe zum Grotesken, zur gelebten Satire, zur faktischen Komödie oder auch bloß zur außergewöhnlichen Idee ist schon sehr auffällig. Und diese Nähe wird eben nicht nur von gesellschaftlich relevanten Personen gesucht und gefunden.

Ein großer Sonderling unserer Tage ist für mich der 1938 geborene Dreifachdoktor und Devianzforscher Rolf Schwendter, welcher neuerdings auch ein Präsident ist (es gibt Leute, die meinen, zum Präsidenten sei man von Anfang an geboren, und wenn einer es dann also wird, erfülle sich ein mysteriöser Plan). Schwendter ist ein Gelehrter, ein Künstler, ein Organisator, eine Erscheinung – und er ist berüchtigt für seine Kochkünste, deren Resultate einige Leute als ausgesprochen fettig und nicht immer gut verdaulich definiert haben. Aber wahrscheinlich ist Schwendter eine Art Medizinmann, wozu gut paßt, daß er gerne einer Kindertrommel massive Laute entlockt. Personen, die nicht wissen, wer dieser Mann ist, könnten ihn auch für einen Sandler halten, also einen Unterstandslosen, was mit dessen etwas schluderiger Kleidung, einer wenig schreckhaften Präsentation seines Körperumfangs und der Benutzung von Plastiksackerln anstatt Aktentaschen zusammenhängt. Allerdings hat die Benutzung von Kunststofftüten für *gebildete Zwecke*, also den Transport von Büchern und Manuskripten, eine gewisse Tradition, die wiederum die Ornamentbedürftigkeit gerade der Intellektuellen verdeutlicht. Tatsächlich sind diese Sackerln in all ihren Farben, mit ihren Emblems und Sprüchen und Mustern sehr viel attraktiver und markanter – sehr viel mehr kyselakesk – als banale Ledertascherln oder gar die peinlichen Rollköfferchen derer, die in die große, weite Welt drängen und es ja doch nur ins nächste Holiday Inn schaffen. Leute jedoch von echter Bedeutung verfügen über eine Gravität, die mitunter nur von zwei mit Büchern prall gefüllten Plastiksackerln in der Waage gehalten werden kann. Die Reißfestigkeit mancher dieser Behältnisse ist Legende.

Daß Rolf Schwendter nicht wie der Dr. Dr. Dr. Rolf Schwendter aussieht, der er ist, meinen nur die, welche Akademiker mit Badeenten verwechseln, welche also immer gelb sind und immer quietschen. Schwendter ist keine Ente, sicher nicht, allerdings präsentiert er seine Argumente und Thesen unter Anwendung eines ausgesprochen professoralen Tonfalls. Auch dieser Tonfall – jedes Wort dreht sich planetenartig um sich selbst – hat eine große Tradition (deren leicht komischer Höhepunkt bei Albert Paris Gütersloh und Heimito von Doderer zu finden ist), eine Tradition, die so stark ist, daß auch *wirkliche* Sandler ihn nicht selten beherrschen. Leider fehlt genau dieser Ton der Bildung und des gesteigerten Sprachbewußtseins völlig in der österreichischen Politik, gleich ob links oder rechts. Das ist erstaunlich und traurig und läßt viele Fragen offen: Glauben österreichische Politiker besser anzukommen, wenn sie ohne Klang, ohne Musik sprechen und sich absichtsvoll ungebildet geben? Meiden sie die Tradition des professoralen Tons, weil sie befürchten, man könnte ihnen diesen Ton als »jüdisch« oder »verjudet« auslegen?

Rolf Schwendter hingegen kann sich eine solche Sprachgehobenheit natürlich erlauben. Er redet ganz wunderbar. Jede Silbe ein Gedicht. Er trägt die Worte, die er spricht. Er ist ihr Diener. Und er ist der Meister der Subkultur wie der Devianz, der Erforschung abweichenden Verhaltens. Was für einige Spötter mit Österreichforschung gleichzusetzen ist. Und von anderen wiederum als sozialromantisch abgetan wird, von Leuten, die nicht wahrhaben wollen, daß nichts so romantisch ist wie die Wissenschaft. Wissenschaft ist der Traum von einer erkennbaren und durchschaubaren Welt.

Daneben hat Schwendter das *Erste Wiener Lesetheater* mitbegründet, welches zwischenzeitlich auch *zweites Stegreiftheater* heißt, eine Einrichtung von Menschen, die die natürliche Gabe der Rezitation in einem größeren Kreis und vor Publikum ausleben, ohne deshalb eine Karriere als Burgschauspieler anzustreben. Und welche ein wichtiges österreichisches Talent ausleben: das des perfekten Dilettantismus. Die Kunst, *etwas zu tun*, anstatt es nur vorzugeben, wie man dies von den Profis kennt, den Brandauerianern, Leuten, die in sich selbst, in der eigenen Pose versinken. Die sich nicht am eigenen Schopf aus dem Sumpf ziehen, sondern sich am eigenen Schopf in diesen Sumpf hineindrücken. Was nicht minder eine übernatürliche Leistung ist, aber eine bedauernswerte.

Anders Rolf Schwendter, dieses biedermeierliche Bollwerk des Guten in einer konsumistischen Vorhölle. So ist er etwa – und ich hoffe sehr, ich schreibe jetzt nichts, was sich überholt hat – ein Telefonverächter. Nicht umsonst heißt einer seiner Essays *Über die Unmöglichkeit zu telefonieren*, in welchem er die Geiselhaft thematisiert, in die das Telefon, dieser Zwangsapparat, den Menschen nimmt. Und keine Frage, er hat recht. Das Telefonieren ist eine schlimme Unart und ein noch schlimmerer Zeitfresser. Das wenige Positive, das dabei herauskommt, wird von dem vielen Schlechten und Unnötigen zunichte gemacht. Das Telefon hat mehr Schaden angerichtet, als je ein Computerspiel dazu imstande sein wird. Man müßte sich nur selbst einmal zuhören, wenn man in diese Hörer und Handys hineinredet, als würde man mit einem Bleistiftspitzer kommunizieren. Das Telefonieren zerfrißt unsere Sprache. Es hat uns verändert und wird unsere Kinder verändern. Das hat nichts mit Technikfeindlichkeit zu tun. Im Gegenteil. Man sollte verstärkt die moderne Technik einsetzen, um das Telefonieren zu verbannen. Denn darauf kommt es an, auf die

Befreiung Österreichs vom Telefon und diesem ganzen Wahnsinn des totalen Telefonierens.

Ich würde also vorschlagen, daß, wenn man schon auf die Idee kommt, in den Bahnen und anderswo das Rauchen zu untersagen, so bitte, bitte doch auch endlich das Telefonieren zu verbieten und den Menschen wieder die Möglichkeit zu geben, nicht nur Wörter *aus*zuatmen, sondern auch Luft *ein*-zuatmen, auf daß erneut ein Gleichgewicht entsteht zwischen dem Gesagten und dem Gedachten und zwischen Mensch und Maschine. Ist das denn so schwer? Nein, ich glaube nicht. Also, mutige Österreicher, seid der Welt ein Vorbild. Und wenn wir schon dabei sind, könnte man natürlich auch die deutschen Touristen einmal bitten, ihren Teil zur Telefonbefreiung ihrer Lieblingsnachbarn beizutragen, also etwa den Urlaub in Österreich dazu zu benutzen, so weit als nur irgend möglich auf die Telefonierererei zu verzichten. Das hat keine moralischen oder gesundheitlichen Gründe, sondern ästhetische und damit auch ethische. Schwendter spricht vom Paradox des Telefonierens: »Um wieder benutzbar zu werden, müßte sein Gebrauch aus der Mode kommen.«

Davon scheinen wir weit entfernt zu sein. Aber das scheint eben nur, weil wir uns durch den Hauptakt der Handy-Groteske bewegen und unsere Sprachzentren nie geahnte Banalitäten umkreisen. Tatsächlich aber handelt es sich um die letzten Züge einer Verfallsgesellschaft der Kommunikationsverstrickung. Wobei ich zugeben muß, daß »letzte Züge« sich leider ganz schön ziehen können.

Daß Rolf Schwendter zu denen gehört, deren »schlampiges Äußeres« beim ungeübten Betrachter den Verdacht aufkommen läßt, es handle sich um eine unterprivilegierte Existenz, bringt mir in Erinnerung, daß einer der größten Dichter des angloamerikanischen Raums, der Schöpfer von *Zeitalter der Angst*, W. H. Auden, von 1957 bis zu seinem Tod 1973 den Sommer in seinem Haus im niederösterreichischen Kirchstetten verbrachte. Dort liegt er auch begraben. Sein Haus ist heute Gedenkstätte. Und die Kirchstettener müssen sich geradezu »dichterisch« vorkommen, weil ja auch Josef Weinheber an diesem Ort lebte und starb. Welcher übrigens von Auden gerne in Schutz genommen wurde, wenn die Sprache auf Weinhebers Liebäugeln mit dem Nationalsozialismus kam (in der Tat ein typisch österreichisches Liebäugeln, mit praktisch nur einem Auge, während das andere auf die apolitische Natur gerichtet ist, die apolitische Liebe, den apolitischen Wein etc., weshalb die Österreicher – weltanschaulich gesehen – gerne schielen).

Es muß damals ein merkwürdiges Gefühl für die Kirchstettener gewesen sein, diesen früh verrunzelten, kokoschkaartig holzschnittschädeligen, draußen in der Welt hochberühmten englischen Dichter unter sich zu wissen, welcher da mit seinem Lebensgefährten Chester Kallmann den Sommer Niederösterreichs und den Herbst des eigenen Lebens genoß und sich auch immer wieder einen Strichjungen aus Wien kommen ließ, der wiederum seine Freundin mitnahm. Das wird den Leuten wohl nicht ganz geheuer gewesen sein, aber berühmt ist berühmt, und ein Dichter ist ein Dichter, weshalb erzählt wird, daß man Auden vom Wiener Westbahnhof abholen ließ, auf daß nicht etwa ein ungebildeter Wiener Polizist auf die Idee kam, den Poeten wegen dessen vernachlässigten, sandlerartigen Aussehens einer peinlichen Befragung zu unterziehen. In einem Originaldokument hört sich das wirklich an, als müßte man eben Kirchstettener sein, um einen Obdachlosen von einem bohemienhaft legeren Dichterfürsten zu unterscheiden. Und es ist mehr als rührend, wie zu Audens Geburtstag ein Kirchstettener Mädel, ein Gedicht aufsagend, ihm einen Blumenstrauß überreicht und er sich in seinem schönen, weichen britischen Deutsch dafür bedankt. – Natürlich, das ist bloß die halbe Wahrheit. Aber es ist nun mal das Prinzip der Idylle, immer nur die bessere Hälfte von etwas zu sein.

Audens Sonderstellung war die des willkommenen oder wenigstens halbwillkommenen »Aliens«. Viel härter ist es natürlich, ein Sonderling im eigenen Nest zu sein.

Man sagt ja gerne, Österreich bestehe in erster Linie aus Musik. Die Musik sei das Schloß, in dem ganz Österreich residiert. Zu Schlössern wiederum gehören natürlich ebenso Gespenster. Und unter den Gespenstern brillieren in erster Linie die Schreckgespenster. Das Schreckgespenst der österreichischen Musik ist die Zwölftonmusik, bis heute, weil dies ja zu Gespenstern gehört, die Zeit zu überdauern.

Freilich hat das zwölftönige Gespenst zwischenzeitlich einen hübschen Glanz erhalten. Auch wurden die Exponenten der »zweiten Wiener Schule«, Schönberg, Webern, Berg, Eisler, zwar zu Lebzeiten immer wieder stark angefeindet, aber ihnen waren auch Erfolg und Anerkennung beschieden. Sie wurden wahrgenommen und verkörperten keine Sonderlinge, sondern dandyhafte Extremisten. Sie waren die Herzschrittmacher der Musikgeschichte und zogen ihre Errungenschaften traditionsbewußt aus dem Trog der Wiener Klassik.

Diese Anerkennung – dieses Über-das-Österreichische-in-die-Welt-Vordringen – blieb einem anderen Zwölftöner verwehrt, welcher statt dessen in ein Zwischenreich geriet, den von Isolation und einer gewisser Paranoia bestimmten Raum der verkannten Eigenbrötler (wobei Paranoia in der Regel nichts anderes ist als die berechtigte Verstärkung eines berechtigten Gefühls). Josef-Matthias-Hauer-Platz, so heißt der nach dem Komponisten benannte Platz im achten Wiener Bezirk, ein Platz, der immerhin eins der schönsten und lebendigsten Kaffeehäuser von Wien beherbergt, das *Hummel*, das sehr viel bessere Inszenierungen bietet als das weiter unten gelegene Theater in der Josefstadt.

Geboren wurde Hauer 1883 in Wiener Neustadt, dem zweitschlimmsten Ort von Österreich. Die Uraufführung seiner ersten Sinfonie fand in St. Pölten statt, dem schlimmsten Ort. Darum heißt es auch in einem der Kottan-Filme: »Wenn du stirbst, bist du nicht einfach tot; du bist nur in St. Pölten.«

Hauer, ein Verehrer der Dichtung Hölderlins, ließ sich vom zwölfteiligen Farbkreis des Malers Johannes Itten zu einem *zwölfteiligen Klangfarbenkreis* inspirieren. Er entwickelte nach und nach ein gleichzeitig pragmatisches wie esoterisches System, das ihn zur Entdeckung der *Tropen* führte, wobei diese Tropen zwölftönige Wendungsgruppen darstellen. Man kann auch sagen, er entdeckte Inseln im Weltraum. Zumindest erscheint seine Musik ausgesprochen kosmisch und sphärisch – und sollte es am Ende des Universums Musik geben, dann klingt sie sicher sehr viel mehr nach Hauer denn nach Schönberg.

Bei Hauer wird sinnigerweise nicht von Zwölfton*technik*, sondern Zwölfton*spiel* gesprochen. Es handelt sich um eine ungemein leichte, fließende und schwebende Musik, eine Musik aus vielen Partikeln, die sich freundlich umgarnen, eine Einheit bilden, ohne darum gedrängt oder gar beengt zu wirken. Wenn im Falle moderner E-Musik gerne vom Klangteppich gesprochen wird, dann haben wir es bei den Hauerschen Kompositionen mit einem fliegenden Teppich zu tun. Auf dem es sich ganz hervorragend sitzen läßt. Diese Musik trägt jeden, der sich tragen lassen möchte. Sie ist frei von einer intellektuellen Schwere, zumindest für den unbedarften Zuhörer, den die Theorie kaltläßt. Das zeigt sich auch darin, daß Hauers spätere Notenbilder ohne die üblichen Regieanweisungen auskommen, ohne die Angabe von Tempo und Lautstärke sowie Ausdruckbezeichnungen. Es scheint, als würden sich die Partituren auf sich selbst verlassen, auf eine innere Notwendigkeit, die sich mehr ergibt, als daß man sie definieren könnte. Wie Wetter, das geschieht, und zwar als natürliche Folge.

Im Grunde müßte Hauer gleichberechtigt neben Schönberg und den Seinen stehen. Wobei sein Werk unabhängiger ist, weniger aus einer musikhistorischen Entwicklung geboren als aus einem individuellen Entdeckungs- und Erkenntnistrieb. Nicht zuletzt haben wir freilich auch hier diesen gewissen österreichischen »Größenwahn«, aber wunderbar kompromißlos. Aus dieser Kompromißlosigkeit ergibt sich dann das Bild des Narren, und genau als ein solcher wurde Hauer von den meisten seiner Zeitgenossen gesehen. Vor allem wohl auch, um ihn in der Auseinandersetzung um die Frage, wer der Begründer der Zwölftonmusik sei, klein- und blödzureden. Schönberg, bekanntermaßen kein Gralshüter der Bescheidenheit, dürfte hier einige Hebel in Bewegung gesetzt haben. So hat sich auch Herr »Superelitär« Theodor W. Adorno an der Herabsetzung und Dilettantisierung Hauers beteiligt. Welcher zwar ebenfalls seine Anhänger hatte, doch verfügten selbige über weit weniger an Bedeutung und Macht.

Schlußendlich ereilte Hauer das Schicksal eines nieentdeckten Vergessenen, der sich mit den üblichen offiziellen Auszeichnungen begnügen mußte, die das Nachkriegsösterreich bis heute in großem Ausmaß mehr verschenkt als verteilt, Ehrenzeichen und Titel, die den Charakter von Trostpreisen haben und des öfteren an Leute vergeben werden, die sich für nichts zu schade sind und zu sein brauchen. Hauer aber wußte um die eigentliche Bedeutung seiner vollkommen originären Schöpfungen, die mit irgendeinem lächerlichen kleinen Preis zu bedenken ihn wohl mehr gekränkt als geehrt haben muß. So setzte er seit 1937 unter all seine Briefe einen Stempel folgenden Inhalts neben seinen Namen: *Der geistige Urheber und (trotz vielen Nachahmern!) immer noch der einzige Kenner und Könner der Zwölftonmusik.*

Ja, es gab eine Zeit, in der die »Beleidigten« sich noch würdevoll zur Wehr setzten. So hat etwa Heimito von Doderer eine Karte drucken lassen, auf welcher er sich freundlich erlaubte, darauf hinzuweisen, »daß er Zuschriften nicht beachtet, welche seinen Namen verstümmeln oder willkürlich verändern: weil solches den bescheidensten Forderungen der Höflichkeit widerspricht.«

Mein Gott, jeder von uns würde sich so eine Karte wünschen. Und es fragt sich, warum man nicht wenigstens eine Standard-E-Mail mit selbigem Text entwirft. Allerdings besteht die Gefahr, daß die meisten Adressaten »Forderungen der Höflichkeit« für den Namen einer Tai-Chi-Übung oder den Titel eines betulichen Gedichtezyklus halten würden.

Jedenfalls ist es bedauerlich, wie wenig Hauers trotzige Selbstbehauptung genutzt hat, eine angemessene Position in der Musikgeschichte einzunehmen. So bleibt er ein Sonderfall und Sonderling, von dessen Werken – die Rudolf Wondraschek das »Lächeln Gottes« nannte – nur wenige Einspielungen existieren. Und es bleiben ein viel zu lauter Platz im achten Bezirk (ein Zusammenstoß von Straßen), ein paar Erinnerungen, eine ehrende Skulptur, ein bissel Forschung. Vor allem aber Staub, der sich auf die Musik legt. Doch Staub gehört dazu. Und dort, wo er ständig entfernt wird, führt man einen Kampf, der nicht wirklich zu gewinnen ist. Der Staub sitzt am längeren Hebel. Die ewige Putzfrau ist eine Illusion.

Nicht zu gewinnen war auch der Kampf, den in den siebziger Jahren jene jungen Menschen führten, die aus mehr als tausend guten Gründen gegen ihre Väter und Mütter und eine frei von anatomischen Regeln operierende Staatsmacht aufbegehrten, und sei's nur, um das alte Spiel der Generationen aufrechtzuerhalten. Daß sich daraus eine völlig humorlose, krankhaft pathosbeladene und alsbald höchst privatistisch um die eigene Not kreisende Gruppierung wie die RAF ergab, ist traurig, aber wohl ebenfalls Teil des Spiels. Ein Spiel, in dem sich immer nur »Eliten« gegenüberstehen, deren elementarstes Prinzip die Übertreibung ist. Übertreibung in der Wirtschaft, Übertreibung in der Politik, in der Kunst, in der Opposition, maßloses Begehren, gehobene Zeigefinger und zu allem Überfluß die eigene Haus- und Hofmoral als kategorischer Imperativ.

Daß in Deutschland derartige Elitenkriege mit großer Vehemenz geführt werden, hängt wohl damit zusammen, daß auch die Familienkriege von einem protestantischen Eifer gespeist werden, und sei die Familie noch so katholisch oder konfessionslos. Der *Eifer* hat sich durchgesetzt, so wie sich in Österreich der *Streit* durchgesetzt hat. Der Streit ist laut. Statt Vehemenz besteht Inbrunst. Statt Konsequenz Ermüdung. Denn so laut der Streit auch geführt wird, verklingt er wieder. Oder mündet in ein laues Geplänkel oder gar in Akte der Verbrüderung. Das ist unsympathisch und sympathisch zugleich.

Ich möchte hier – selbst auf die Gefahr hin, das Persönliche mit dem Allgemeinen zu verwechseln – davon berichten, wie ich in den Achtzigern an den damals recht heftig geführten Demonstrationen gegen den Wiener Opernball teilgenommen habe, der damals noch ein Schaulaufen der Mächtigen war, die den Habitus von Feldmarschällen und Feldmarschallsgattinnen besaßen. (Später kam dann der Baumeister Richard Lugner und vollzog eine grandiose Vulgarisierung dieser Veranstaltung. Solcherart demaskierte er den bisherigen Glanz, denn der Glanz muß ja bezahlt werden; und Lugners Vergehen schien und scheint darin zu bestehen, ihn aus der eigenen Tasche zu bezahlen. Davon abgesehen, muß man sich jedoch die Frage stellen, worin eigentlich der Unterschied zwischen den Altreichen und den Neureichen besteht? Na, keinesfalls in den geschmackvollen Roben ersterer.)

Ich hielt mich bei diesen Demonstrationen stets weiter hinten auf, fern der Gefahr, einen Schlagstock auf den Kopf zu bekommen oder gar festgenommen zu werden. Meine Rechtfertigung dafür war die, daß ich als Alleinstehender zwei Hauskatzen zu versorgen habe, welche es nicht gewohnt seien, eine Nacht lang alleine zu bleiben beziehungsweise auf die regelmäßige Fütterung zu verzichten. Das war keine Ausrede gewesen, sondern vollkommen ernst gemeint. Und es hat mir auch von niemandem den Vorwurf eingetragen, Angst zu haben und mich herausreden zu wollen. Die radikale Liebe zum Haustier ist eins dieser Phänomene, in denen sich alle Teile der Gesellschaft wiederfinden. Ich war also der Typ, der eine Revolution versäumen würde, weil er sich in erster Linie seinen Haustieren verpflichtet fühlt. Wenn der Österreicher einen Eifer praktiziert, bezieht sich selbiger auf etwas Intimes, nach außen hin genügt der oberflächliche Streit.

So ist es also nicht verwunderlich, daß in den siebziger Jahren zwar ebenso leidenschaftlich wie in Deutschland diskutiert wurde, in welcher Weise die Gesellschaft zu verändern sei, die Aufnahme militärischer Aktionen jedoch für die meisten ein reines Gedankenspiel darstellte. Die Weltverbesserung verblieb sehr oft auf dem Niveau einer Séance. Beziehungsweise hätte man aus dieser Angelegenheit ein DKT-Spiel* konstruieren können. Doch es kam zu einer Ausnahme.

Im November 1977 wurde Walter Michael Palmers, der Seniorchef des gleichnamigen Textilunternehmens entführt und nach vier Tagen für ein Lösegeld von 30,5 Millionen Schilling wieder freigelassen. Die ganze Geschichte sollte den Anstrich eines rein kriminellen Aktes besitzen, um den darauf folgenden Fahndungsdruck so gering wie möglich zu halten. Aber es stellte sich heraus, daß auch Österreich ein klein wenig in den deutschen Herbst geraten war. Die *Bewegung 2. Juni* hatte sich an österreichische Aktivisten gewandt, um eine Geldbeschaffungsaktion zu initiieren. Was nicht minder typisch war, daß nämlich Deutsche den österreichischen Raum für ein »bloßes Theater« mißbrauchten und das politische Element, das sie sonst immer betonten, hier zu verbergen versuchten. Und darum ja einen Mann entführten, der zwar reich war, aber in keiner Weise als ideologisches Ziel herhalten konnte. Man bedenke: Unterwäsche und Strumpfware. Eine Farce.

Es kam zu Verhaftungen und zu Verurteilungen. Aber es fehlte der »Glanz« echter Bedrohung, wie man das bei anderen Kriminalfällen erlebt hatte, nicht zuletzt eingedenk des Überfalls auf die OPEC durch den charismatischen, spielfilmartig auftretenden »Superterroristen« Carlos (welcher vom österreichischen Innenminister mit Handschlag verabschiedet wurde, weil sich das so gehört und vernünftigerweise eine gute Stimmung schafft). Wobei ganz grundsätzlich über

* DKT (= *Das kaufmännische Talent*) heißt die österreichische Version von Monopoly.

jedem österreichischen Kriminalfall ein Hauch von »Kottan« liegt, ein Nebel des Komischen, der das Fürchterliche umgibt und die Konturen verwischt.

Und genau jene Firma *Palmers*, die mit ihrem waldgrünen Geschäftdesign, den uniformen Verkäuferinnen und den so überaus beliebten Geschenkmünzen lange Zeit auf Tradition setzte und nicht zuletzt darauf, daß auch und gerade konservative Damen ihren Körper an erster Stelle mit Unterwäsche umgeben, dieses Unternehmen also bescherte Mitte der achtziger Jahre den Österreichern eine Art »sexuelle Initialzündung«, nämlich dadurch, daß man eine Plakatserie entwickelte, die in einer bis dahin ungekannten Freizügigkeit halbnackte Damen (und dann auch halbnackte Herren) in aufreizenden Posen präsentierte. Selbige Models, die über giraffenartig lange Beine verfügten, waren allein bekleidet mit Dessous und Strumpfwaren, die wie hingehaucht anmuteten, die Nacktheit weniger verdeckend als sie verstärkend. Nackter als nackt. Wie ja etwa das Farbenkleid gewisser Schlangen und Frösche selbige nicht tarnt, sondern vielmehr überdeutlich und warnend auf die eigene Giftigkeit verweist.

Am Beginn dieser bis heute sich fortsetzenden Plakatgeschichte stand der Widerstand einer damals noch kämpferisch veranlagten Emanzipationsbewegung, die einen Sexismus anprangerte, der hier selbstbewußt und riesenhaft von den Wänden des Landes lächelte: der Sexismus als Formel. – Heute ist das derart selbstverständlich, daß wir den Sexismus bereits mit dem Sex verwechseln und die Emanzen von damals meinen, sie hätten den Kapitalismus ausgehebelt, indem sie Palmers-Unterwäsche tragen. Seinerzeit hingegen gab es wütende Proteste, Sprühaktionen, heftige Fernsehdiskussionen (und natürlich ob dieser Erregung glückliche Marketingstrategen). Es war wie mit Thomas Bernhard oder dem

Hrdlicka-Denkmal am Judenplatz oder dem Atomkraftwerk Zwentendorf oder dem Herrenreiter Waldheim – man konnte nur dafür oder dagegen sein. Dazwischen herrschte eine absolute Leere, in welcher noch so schöne und gescheite Sätze auseinanderbröckelten.

Nun, Palmers hat sich durchgesetzt. Es ist nicht zu ändern: Die Verarschung des weiblichen Körpers durch einige Manager (sowie ein paar Fotokünstler, die wahrscheinlich zu oft Michelangelo Antonionis *Blow Up* gesehen haben), diese Ummünzung des Erotischen in die Ästhetik der Tiefkühltruhe, diese Verwechslung von »Barbarella« mit »Barbie« hat sich tief in unser Bewußtsein gefressen. Die Emanzen sind derweilen nur noch damit beschäftigt, einen Weg zu finden, um nicht auf ihre Kinder aufpassen zu müssen. Die sexuelle Revolution ist dank »verführerischer Dessous« bei den Kleinbürgern angekommen. Jedes private Heim sein eigenes Sexstudio. – Man kann das alles natürlich für lustig oder sekundär halten, aber das Sekundäre ist gerade in Österreich von entscheidender und prägender Bedeutung. Und genau *so* ist auch der berühmte, vielzitierte, doch zu Unrecht belächelte Ausspruch von Hans Krankl zu verstehen: »Wir müssen gewinnen, alles andere ist primär.« Die österreichische Sprache ist die Verwandlung des Hochdeutschen in etwas Raffiniertes und Hinterfotziges, nicht selten Elegantes, Doppelbödiges und Sarkastisches. Jedenfalls sollte man als Ausländer gewisse Wörter oder Formulierungen nicht als die Fehler interpretieren, als die sie scheinen. Oder meinen, Österreicher seien zu blöd, zwischen primär und sekundär zu unterscheiden.

Die Österreicher lieben Begriffspaare, etwa *Schuld & Unschuld*, *Religion & Freizeit*, *Traum & Wirklichkeit*, *Sport &*

Kunst, Sinn & Verbrechen, vor allem aber *Genie & Wahnsinn*. Und weil sich jeder ein bißchen für ein Genie hält, meint auch jeder, ein wenig Anspruch auf den Wahnsinn zu haben, aber natürlich im Rahmen des Erträglichen und des Gesetzlichen. Wer darüber hinausgeht, wer sozusagen zu viele Teile seines Genies aus seinem Wahnsinn bezieht, ist entweder ein Künstler, ein Sonderling oder sitzt folgerichtig im Irrenhaus. Das Irrenhaus wiederum ist für den Österreicher ein weiterer Spiegel, durch den man tiefer in das Innere des eigenen Wesens vordringen kann. Daraus ergibt sich ein gewisser Irrenhauskult, durchaus vergleichbar jener klischeebildenden Liebe zum Tod. Der Österreicher möchte ja gar nicht tot sein, aber er möchte darüber reden, darüber schwadronieren, dem Tod mit bösem Witz begegnen, ihn im Ornament fixieren, solcherart kontrollieren. Und so, wie man den Tod redend und fabulierend zu beherrschen meint, glaubt man auch, indem man ständig über Irrenhäuser und ihre Bewohner erzählt und spekuliert, die eigenen Psychosen und Phobien einigermaßen unter Kontrolle zu halten. Der Österreicher ist sich selbst Psychiater, von Therapie allerdings hält er wenig. Er möchte gar nicht gesund werden, weil er durchaus erkennt, wie wichtig die »Geisteskrankheit« für seine Kreativität, seinen originellen Umgang mit dem Leben ist.

So wie die Österreicher gerne auf Friedhöfe gehen, um ihre Toten zu besuchen, gehen sie auch gerne in Irrenhäuser, um jene zu besuchen, die den Wahnsinn, wie es scheint, ein bißchen übertrieben haben. Weil aber, wie erwähnt, die »Übertreibung« ein Allgemeingut darstellt, fühlen sich die Besucher an solchen Orten hin- und hergerissen zwischen Anziehung und einer vernunftbedingten Abgrenzung. Zwischen Irrenhausromantik und einem gewissen Schaudern. Es ist, als würde man auf sein eigenes Hirn sehen und als hätte dieses Hirn große Ähnlichkeit mit Franz Gsellmanns Weltmaschine.

Ich halte es für sehr bezeichnend, daß eine der wesentlichsten Beiträge Österreichs zur bildenden Kunst des auslaufenden zwanzigsten Jahrhunderts jene Werke darstellen, die von den Bewohnern des »Haus der Künstler« geschaffen wurden. Dieses Gebäude war Teil der Landesnervenheilanstalt Maria Gugging, eine an den Rand des Wienerwalds gebettete Klinik nahe Klosterneuburg, bevor es sich im Jahre 2000 von der Krankenhausverwaltung löste und heute als die Keimzelle eines Kulturzentrums besteht. Hier hat der Psychiater Leo Navratil aus zunächst rein therapeutischen Gründen begonnen, seine Patienten zu animieren, ihren Innenwelten einen äußeren Ausdruck zu verleihen, Zeichnungen herzustellen, und zwar unter der Assistenz des Arztes. Daraus entwickelte sich ein kunsttherapeutisches Zentrum, ein eigenes Haus, eine kleine Männeridylle, ein vom Kunstargument zusammengehaltenes Kollektiv (es scheint, als müßten eben auch die Irren eine Leistung vollbringen, um Hauseigentümer zu werden).

Das Schöne daran war nun, daß nicht nur zwei Navratilsche Standardwerke daraus resultierten – *Schizophrenie und Kunst* und *Schizophrenie und Sprache* –, sondern vor allem bildnerische Arbeiten von originärer Gestaltungskraft, frei von Vorbildern, autark, auf eine verschlüsselte Weise direkt, den Strudel von seinem Ursprung her begreifend. Es ist mehr als verständlich, daß diese Schöpfungen zunächst Profikünstler und Literaten interessierten, also Leute, die durchaus auf Inspirationsquellen, auf Vergleiche und Einordnungen angewiesen sind. Sodann folgte das Interesse des Marktes und eines größeren Publikums. 1970 fand eine erste Ausstellung in der Galerie des Monsignore Otto Mauer statt, heute sind

Werke der »Gugging-Künstler« in den großen Museen der Welt vertreten und erzielen hohe Preise bei internationalen Auktionen. Da wären etwa die Zeichnungen des Franz Kernbeis, beschwingte Maschinen, August Wallas Weltsalat, Johann Garbers hocherotischer Futzelkosmos, die Kuhbilder des Franz Kamlander, Rudolf Limbergers Übermalungen (wahre Rainerarien), und natürlich die Busenwunder des Johann Hauser sowie Oswald Tschirtners Auf-den-Punkt-Bringungen.

Vor allem nachdem 1986 der Psychiater & Bildhauer Johann Feilacher die Nachfolge Navratils antrat und im Stile eines Galeristen und Agenten eine Professionalisierung »seiner« Künstler vornahm, sind diese Teil der Kunstwelt. – Das hat etwas für sich, nämlich die mitunter großartigen Werke frei von einer Krankengeschichte zu betrachten (tatsächlich ist für den Rezipienten die eigene Krankengeschichte viel wichtiger als die des Künstlers), andererseits entsteht der Eindruck einer für das »moderne Österreich« typischen Kommerzialisierung, einer Veredelung des Edlen mittels internationaler Aufmerksamkeit. Wäre es irgendwie möglich, würde man die Kunstwerke auf den Mond schicken, um sie quasi mittels der Entfernung wertvoller und bedeutender zu machen.

Gugging ist zwar nicht der Mond, aber auch ganz nett. Darum hat man im Bereich des Anstaltsgeländes ein Art / Brut Center errichtet, schon wieder so ein Weltmittelpunkt, ein Museum, das wie ein Stock arbeitet, mit dem man den Rest der Welt kratzen kann. Wobei auch noch ein Zentrum im Zentrum existiert, welches von einem gar herrlichen Raucherbereich gebildet wird, einem hohen, hellen Raum, in dem das Rauchen nicht nur erlaubt ist, sondern selbst den Charakter des Künstlerischen oder Kunstvollen gewinnt. Man kann leidenschaftlichen Rauchern nur empfehlen, dieses Museum aufzusuchen, um solcherart in den Genuß zu kommen, sich als wesentlich und wertvoll zu empfinden.

In bezug auf die ausgestellte Kunst jedoch habe ich das Gefühl, als würde der museale Raum – bei aller Intimität – ihr den eigentlichen Charme nehmen, ihre Einmaligkeit unterwandern. Plötzlich sind die Arbeiten der sogenannten guging classics halt Dinger, die man entweder ins Museum steckt oder nach Übersee verkauft. Als handle es sich um seltene Skelette.

Aber kann man etwas gegen ein Museum sagen? Ist ein Museum nicht immer per se *gut*?

So wie eine Universität per se *gut* ist. Ein solche, ein *Institute of Science and Technology Austria* (was nach Kutteln in Weißweinsauce klingt, zwischen denen jemand einen Goldschatz versteckt hat), entsteht soeben auf dem Gelände der in Pension geschickten Nervenheilstätte. Eine Eliteuni statt eines Guglhupfs. Zukünftige Wissenschaftsgrößen und Spitzenverdiener statt offizieller Irrer. Natürlich, irgendwo müssen auch Eliteuniversitäten stehen, und man könnte die Meinung vertreten, daß grandiose Studenten zum grandiosen Denken eine schöne Umgebung sehr viel nötiger haben als Geisteskranke, die ja wohl in der Lage sein müßten, Umgebungen welcher Art auch immer zu imaginieren. Gleichzeitig hat das Liebäugeln des offiziellen und halboffiziellen Österreich mit einem »internationalen Flair« seine traurig-peinlichen Seiten. Nicht, weil es schlecht ist, in die Welt hinauszusehen oder die Welt ins Land zu holen. Aber man tut es auf eine merkwürdig devote Weise. Während man einerseits eine Wir-sind-wir-Geste zum besten gibt, verkauft man sich, wo man nur kann.

Dieses Uni-statt-Irrenhaus-Manöver ist für mich da bloß ein Symbol. Denn auch in Österreich hat ein deprimierender Kampf um das Errichten von Eliten begonnen. Trotz einer beachtlichen Tradition in Fragen gleichberechtigter Schulbildung hat sich das Land voll in den Weltkrieg der Klassen gestürzt. Und wie so oft bei Kriegen, ohne wirklichen Anlaß, ohne echte Notwendigkeit.

Doch zurück zur heiligen Kunst und den Guggingkünstlern. Einer von ihnen war der Schriftsteller Edmund Mach, von dem das berühmte Gedicht *Das Sehen Dr. Waldheims im Armenhause* stammt und dessen Kunst es war, den Dingen in aller Deutlichkeit zu begegnen (sodaß der Außenstehende sich fragen muß, wie verrückt man eigentlich sein muß, um klar sehen zu können). Von Mach – welcher 1929 geboren wurde, aber nach eigener Aussage bereits 1915 aus einem Schatten heraus elternlos auf die Welt kam – stammen stupende Formulierungen wie *Die Hochzeit ist rar und rund / meistens von Zuschauern umsäumt / dann kommt das Paar / es sieht blaß aus* oder *Im Mai blüht die Rose / im September hört sie auf / mittlerweise hat sie viel gesehen / in ihrer Art erkenntlich auch.* Nicht zuletzt Machs Charakterisierungen der Ärzte wie der Patienten lassen ein Durchschauen erkennen, als hätte Mach über ein ganz spezielles Mikroskop verfügt. Der Humor, der sich bei alldem herausstellt, erscheint wie die Ur-Suppe des Lebens, als sei im Kern alles ein Witz, ein Witz, aus dem Ernst wurde.

Von den Malereien schätze ich am meisten die Arbeiten des Oswald Tschirtner, langgezogene Kopffüßler, die dem weißen Raum die Linie des eigenen Körpers aufzwingen, den gekrümmten Raum wieder geradebiegen, eine Ordnung schaffen, die beruhigt. Das Schöne an Tschirtners Arbeiten ist, daß sie trotz der impliziten Monumentalität der Figuren, trotz des totemartigen Wuchses ganz wunderbar im kleinen Format wirken, als Postkarte noch. Große Kunst tut das immer: im kleinen Format funktionieren. Ich weiß nicht, ob es einen

Tschirtner als Briefmarke gibt, aber ich weiß, es würde einen selbst da noch überwältigen.

Das kleine Format verlangt Würde und Konzentration. Das große hingegen verführt zu Pathos und dramatischer Raumfüllung. Darum erscheint mir die Kunst des Biedermeiers so wesentlich, auch wenn das »kleine Format« teilweise der Repression der Zeit zu verdanken war. So wie heute die Repression das große Format fordert, das mächtige Kommentar. Man verlangt vom heutigen Künstler den stilsicheren Aufschrei und die glamouröse Provokation, man verlangt, daß er Leute ärgert, die sich gerne ärgern lassen, man verlangt, daß er ständig darauf verweist, total frei zu sein, alles denken und alles sagen zu dürfen. Der Künstler aber, der sich unfrei fühlt, gilt als ein Versager.

Nichtsdestotrotz besitzt das Biedermeier noch immer eine gewisse Wirkung und Faszination. Nicht nur bei Leuten, die aus konservativen Gründen die Produkte und Stilfindungen dieser Epoche hochhalten. Das Biedermeier hat sich auf eine schlangenhafte Weise bis in die heutige Zeit gerettet. Es ist wie eine Botschaft, die nach zweihundert Jahren halt zur *geheimen* Botschaft wurde. Etwa die Musik Franz Schuberts. Mozart mag eine Popikone sein, ein österreichischer Mangastar, der als Beweis für den grundsätzlichen Genius in diesem Lande herhält, Schubert aber wirkt nach innen hin. Nicht zuletzt, weil er als »Sonderling« begriffen wird, als der Meister des kleinen Formats, des Lieds.

Das Bild, das die Österreicher von Schubert haben, ist ungleich einheitlicher als das von Mozart. Wir sehen den kleinen, dicklichen, oval bebrillten Mann vor unserem geistigen Auge, sind gerührt, nicht selten zu Tränen – dieser Mann ist einer von uns, obwohl früh begabt, kein grandioses Wunderkind, obwohl ein Genie, kein Schöpfer großer Opern. Doch seine Musik ist ausgesprochen nahe am Menschen (am Menschlichen im Menschen, denn das gibt es), wie überhaupt das Biedermeier – und das macht es so reizvoll – das Individuum quasi umgarnt, umspannt, mittels der Ornamentik strukturiert. Das Individuum aus dem Dunkel eines schicksalhaften Geworfenseins heraushoIt und ins Licht stellt. Kein göttliches Licht, kein künstliches Licht, sondern simples Sonnenlicht. Darum die Bedeutung der Natur im Biedermeier.

Man kann das sehr gut an den Gemälden Ferdinand Georg Waldmüllers sehen, welcher in seinen besten Arbeiten die sogenannten einfachen Leute vom Land in den Mittelpunkt stellt und damit ins Licht der Sonne. Ein Licht, das die dargestellten Personen dadurch idealisiert, indem sie das *schöne Wesen* dieser Menschen beleuchtet. Also nicht etwas erfindet, was gar nicht da ist, sondern eine vorhandene Würde herausstellt.

Erstaunlicherweise gelingt dies Waldmüller selbst dann, wenn er ein Blumenbild malt. Es ist das gleiche freundliche, aber bestimmte Licht, das hier den Dingen, der Vase, den Blumen, den Blättern und Trauben und Ranken, eine Noblesse nicht verleiht, sondern zurückgibt. Die oft behauptete Verlogenheit des Biedermeiers, das Ausblenden der realen sozialen Zustände, das Verschweigen einer folgenreichen Sexualität, die Ausklammerung politischer Konflikte, ist natürlich den zensorischen Maßnahmen dieser Zeit zu verdanken, führt jedoch zum zärtlichen Umgang der Künstler mit ihren Objekten und Sujets. Dies erscheint mir weniger ein Leugnen des Faktischen, als vielmehr eine Konzentration auf das unangreifbare poetische Element, welches in allen Dingen steckt. Auch in der einfachen Schlafkammer, durch die das Sonnenlicht hereinfällt und das Zimmer und die Gegenstände verwandelt. Das Gemälde ignoriert nicht die Schäbigkeit des Raums, thematisiert aber seine Metamorphose.

Ich empfinde die Biedermeierschen »Räume« als sehr viel unabhängiger denn unsere heutigen, welche größtmöglicher Kontrolle unterliegen. Das Licht, das in unsere Zimmer dringt, stammt nicht von der Sonne, sondern aus dem Fernseher. Der Fernseher ist eine Maschine, und bei Maschinen stellt sich immer die Frage, ob sie unsere Freunde sind oder nicht. Ich glaube nicht, daß der Fernseher unser Freund ist. Und darum ist es wohl ein Glück zu nennen, daß wir neuerdings über Computer verfügen, welche ganz sicher Weiterführungen des Biedermeiers darstellen. Bewegte Miniaturen. Der Computer beschert uns eine Intimität, einen Extraraum, der von einem höchstpersönlichen Mobiliar bestimmt wird. Der Computer ist ein Ornament, das es in der Regel gut mit uns meint. Und man kann nur hoffen, daß dies auch so bleibt.

Um das österreichische Wesen zu verstehen, ist es sicher von Vorteil, ein Museum aufzusuchen, in welchem Kunstwerke des Biedermeiers ausgestellt sind. Waldmüllers vom Sommer verwöhnte Landschaften, seine lichtdurchtränkten bäuerlichen Figuren, die stille Größe der Frauengestalten, die Magie der rotbackigen Kindergesichter, die pyramidal aufgebauten Gruppen, der warme Wind, der durch die Gemälde weht, die edle Haltung der Gestalten in Momenten der Trauer und des Verlusts, aber auch des Überschwangs – all diese Bilder stekken in den Köpfen der Österreicher. Und auch wenn wir uns tausend Mal an den Tourismus und die Handyindustrie verkauft haben und alles zu Tode renovieren, was sich nur zu Tode renovieren läßt, so erfüllt uns dennoch ein tiefes Bedürfnis nach der Beständigkeit der Waldmüllerschen Figuren. Darin besteht die Tragik des Österreichers. Er erlebt seine

Verkitschung bei vollem Bewußtsein. Seine Vertrottelung dank Schischaukelkrankheit und Hansi Hinterseer (daß wir die Deutschen in diese Vertrottelung massiv einbeziehen, entspricht der schlichten Bösartigkeit von jemandem, der nicht alleine untergehen möchte). Wir sehen in den Tod und blikken uns gleichzeitig nach dem Leben um. Wir wollen das Geld heiraten und uns gleich wieder davon scheiden lassen.

Nehmen wir nur *ein* Bild von Waldmüller, etwa *Heimkehrende Mutter mit ihren Kindern* von 1863: Eine Bauersfrau, offenkundig erschöpft von der Arbeit, im Türrahmen stehend, die eine Hand gegen den Rahmen gestützt, die andere auf das eigene Knie. Dennoch scheint sie zu lächeln. Das Lächeln ist das Ornament ihrer Würde. Hinter ihr das Licht eines ganzen Tages, eine Lichtkonzentration. Drei Kinder umringen sie, flehend, bittend. Man könnte sich vorstellen: hungrig. Die Frau trägt am Rücken eine Bütte gefüllt mit Heu. Oben auf dem Heu thronend, aus dem Behältnis blikkend, steht das kleinste der Kinder, ein Engel in seinem Nest, fröhlich und unschuldig, wie Dreijährige nun mal sind. Es ist die einzige Figur, die uns, die Betrachter des Bildes, ansieht. Ja, das Kind schaut tatsächlich aus dem Bild heraus. Es tut etwas ganz Merkwürdiges: Es schenkt uns Trost, *uns*, die wir wahrscheinlich einigermaßen satt und sicher nicht barfuß wie die heimkehrende Mutter vor diesem Bild stehen. Der Trost verbindet uns ganz direkt mit dem Bild. Das Kind grüßt uns, und wir grüßen zurück.

Trost ist eine der erfreulichsten Beweise für große Kunst.

Und da muß ich natürlich hinüber zu Adalbert Stifter schwenken, der in diesem Land den Nimbus eines Schutzheiligen besitzt. Seine Bücher sind Wegbegleiter. Etwa so wie eine Packung Mannerschnitten, die ein Spaziergeher für alle sichtbar mit sich führt. Auch ein Buch von Stifter kann auf diese Weise getragen und gehalten werden. Allein dies bedeutet bereits Trost, *das Buch* bei sich zu wissen. Erst recht natürlich, in diesen Büchern zu lesen, denen es gelingt, die Leser von sich selbst zu befreien. Nicht durch brachiale Ablenkung oder Kraftakte der Sprache. Eher in der Art, wie ein verschrecktes Tier mittels eines liebvollen Tons dazu verführt wird, sein Versteck zu verlassen. Wir lesen Stifter und stehen plötzlich im Freien. Und dieses Freie ist nicht nur die Natur, und es ist nicht nur hell und gut und freundlich, aber es läßt uns in jedem Fall aufatmen. Und es vermittelt uns eine Ordnung, über die man nicht zu diskutieren braucht, weil sie ohne Alternativen bleibt. Mitunter fühlt man sich besser ohne Alternative, ohne Möglichkeiten der Abzweigung und Abkürzung. Was bringt es denn, eine Stunde früher sein Ziel zu erreichen, um dann dazustehen mit dem merkwürdigen Gefühl des Verlustes? Dem Gefühl, etwas *nicht* gesehen, etwas *nicht* erlebt zu haben und statt dessen trottelhaft in diesem Ziel herumzustehen. Stifter verkürzt nichts, aber er macht den Himmel auch nicht breiter, als er ist. Seine Worte vermitteln eine Glorie, die in der Abkürzung verlorengehen würde. Daß dies mitunter als Ausdruck von Langeweile und Langatmigkeit begriffen wird, ist das Mißverständnis derer, die meinen, um einen »Runners High« zu erreichen, würde es genügen, ein paar Minuten auf einem Laufband zu stehen.

Stifter – berühmt für seine Freßsucht, seine unfaßbaren Aufzählungen des soeben Verschlungenen – gehört zu jenen Menschen und Dingen und Themen, die niemanden kaltlassen, zumindest keinen Österreicher. Jeder hat seine Meinung zu Stifter, als ginge es darum, den österreichischen Fußball zu bewerten. Stifter ist eine Angelegenheit des Stammtisches. Gerade deshalb ist die »Würdigung« Stifters in Thomas Bernhards *Alte Meister* so treffend, und zwar nicht vom Inhalt her, sondern mittels der Art und Weise, mittels der Form liebevoll-gehässiger Aburteilung. Da wird gesagt: »Stifter ist auf den längsten Strecken seiner Prosa ein unerträglicher Schwätzer, er hat einen stümperhaften und, was das Verwerflichste ist, schlampigen Stil, und er ist tatsächlich außerdem auch noch der langweiligste und verlogenste Autor, den es in der deutschen Literatur gibt.« – Das sind nur Superlative, weil sich nämlich Österreicher ungern damit abgeben, bloß der Zweitbeste oder der Zweitschlechteste von was auch immer zu sein. So ist auch der Streit darum, der Gescheiteste zu sein, kaum zu unterscheiden von dem Streit, der Blödeste zu sein. Es ist ganz bezeichnend, wieviel Raum Thomas Bernhard in seinem Buch der Stifter-Vernichtung gibt, etwa im Unterschied zur positiven Erwähnung Goethes, die quasi in einem Nebensatz erledigt wird. Das Gehaßte ist gleichwohl das Gute, das Nichtgehaßte dagegen eine Marginale, eine Buchregalverpflichtung. Ein Sessel hat nur dann einen Wert, wenn es sich um einen *»scheußlichen Loos-Sessel«* handelt, also einen Sessel mit wirklichen Eigenschaften, einen Sessel, der Gefühle zu evozieren versteht.

Entweder der Österreicher liebt Stifter oder er haßt Stifter, aber in jedem Fall wird er Stifter einen großen Platz in seinem Herzen zugestehen, eine ganze Sitzbank, eine Sitzbank mit Aussicht, passenderweise.

Wenn möglich, sollte man sich nicht nur mit Stifter, dem Autor, und Stifter, dem Esser, beschäftigen, sondern auch mit Stifter, dem Maler. Er hat ganz wunderbare kleine Gemälde geschaffen, von denen selbst die beendeten etwas Halbfertiges und Unschlüssiges besitzen. Es handelt sich jedoch nicht um Skizzen, sondern um Studien. Das Selbstbewußtsein eines Waldmüller, die Klarheit und das Licht und der Atem Gottes fehlen hier völlig. Es ist mehr als verständlich, daß Stifter die Literatur nötig hatte. Nicht, weil er nicht malen konnte, sondern weil er seine Striche nicht zu Ende denken konnte. Was auch immer ihn davon abhielt. Sehenswert ist das dennoch, umso mehr, als gerade die Malerei Unsicherheiten sehr viel besser verträgt als die Literatur. Die Literatur ist Spezialist für richtige Antworten, die Malerei Spezialist für richtige Fragen.

Wenn Sie nun aber eher an Antworten interessiert sind, allerdings zu denen gehören, die sich von einem siebenhundert Seiten starken Buch erschrecken lassen, zumindest wenn kein besänftigender Hinweis wie *Thriller* oder *Historischer Roman* oder *Kommissar Krummhübels dritter Fall* Ihnen die Angst nimmt vor der Länge mancher Kommentare, ja vor der Länge des Lebens an sich, dann also nicht zu Stifters *Nachsommer* greifen, sondern seinen Bericht *Die Sonnenfinsternis* lesen (in der schönen Ausgabe der Weitraer *Bibliothek der Provinz*), einen nur wenige Seiten langen Text, der eins dieser Dinge behandelt, »die man fünfzig Jahre weiß, und im einundfünfzigsten erstaunt man über die Schwere und Furchtbarkeit ihres Inhaltes«. Stifter beschreibt die Sonnenfinsternis vom 8. Juli 1842 als etwas Unsagbares, das man aber mit Worten dennoch fassen kann, zumindest anfassen in der Weise, wie man seine Finger vorsichtig in eine Flüssigkeit taucht.

Mit diesem Text ist es wie mit einer gelungenen Literaturverfilmung. Wenn man sie einmal gesehen hat, kann man die literarische Vorlage nicht mehr lesen, ohne daß einem die Bilder aus dem Film durch den Kopf gehen. Man liest Lowrys *Unter dem Vulkan* und sieht Albert Finney, man liest Kings *Sie* und sieht Kathy Bates, man liest Kafkas *Prozeß*, und vor dem geistigen Auge materialisiert sich die schlaksig-psychotische Gestalt des Anthony Perkins, während einem im Ohr Albinonis Adagio erklingt. Einmal die *Sonnenfinsternis* von Stifter gelesen, kann man auch eine selbst beobachtete Sonnenfinsternis nur mehr mittels der Stifterschen Brille betrachten, man erlebt die Verwandlung der Welt mit den Augen eines Dichters, der seine tiefe Erschütterung in ein weiches, helles Material preßt und solcherart einen vollkommen wahrhaftigen Abdruck hinterläßt. Einen Abdruck, in den man gerne die eigene Hand legt und sodann erstaunt feststellt, wie gut alles paßt. Selbst dort, wo Stifter über Gott spricht. Auch der ungläubige Mensch kann ihm dabei bestens folgen. Etwa, wenn es heißt, man solle nicht einwenden, daß das himmlische Phänomen doch bloß mathematisch nachvollziehbaren Gesetzen folge, »leicht rechenbar« sei. Stifter schreibt: »Die wunderbare Magie des Schönen, die Gott den Dingen mitgab, frägt nichts nach solchen Rechnungen, sie ist da, weil sie da ist, ja sie ist trotz der Rechnungen da, und selig das Herz, welches sie empfinden kann.«

Wie wahr! Denn dies gilt ja nicht zuletzt für uns selbst, wir sind trotz der Rechnungen da. Es braucht uns nicht zu kümmern, daß die Rechnungen uns bestätigen, so wenig es uns zu kratzen bräuchte, würden sie uns nicht bestätigen – weil darauf wird ja auch noch jemand kommen. Wir hätten trotzdem unseren Spaß und trotzdem unsere Qual. Oder würde wirklich jemand damit aufhören, schrecklich traurig zu sein, nur weil jemand anders den Beweis erbrächte, daß das Schrecklich-traurig-Sein mathematisch gesehen gar nicht existiert? Stifters »Magie der Schönheit« ist »Reichtum, und einen anderen gibt es nicht.«

Ich finde, es steht auch fern jenes religiösen Eifers, der unser Leben seit jeher behindert und verkleinert, wenn es in diesem Text heißt: »Es war der Moment, da Gott redete und die Menschen horchten.« So einen Gott, einen Stifterschen Sonnenfinsternisgott kann man gerne akzeptieren, einen Gott, der mit uns spricht, gleich, wie wörtlich sein Name zu nehmen ist oder nicht.

Wie wunderbar sachlich ist Stifter bei aller poetischen Klassifizierung des Erlebten! So meint er zum Beispiel, die Erscheinung »dauerte zum Glücke sehr kurz«. Weil wohl noch schöner als die erkenntnisreiche Veränderung die Wiederkehr ins Vertraute ist, so wie ja kein Fernweh mit dem Heimweh mithalten kann und kein Scheißauto den Wert eines Kinderlachens erreicht.

Die zwei Fragen, die Stifter ans Ende seines Textes stellt, sind in ihrer Plötzlichkeit und Aufrichtigkeit verblüffend (als wende sich hier ein Dichter allen Ernstes, nicht bloß rhetorisch, an seine Leser, an alle Leser).

Vor allem die zweite Frage erstaunt. Stifter erkundigt sich nach der Möglichkeit einer Kunstform, in welcher Licht und Farbe selbständig zur Verwendung gelangen könnten. Er spricht von »Lichtmusik«, und man kann sich seinerseits fragen, was Stifter von den heutigen Städten hielte, dann, wenn sie mit Eintritt der Dämmerung zu erblühen beginnen. Es ist schon schade, daß wir den guten Stifter nicht für ein paar Tage in unsere Welt holen können, damit er uns eine Beschreibung davon liefert, wie das ist, mit einem Flugzeug über das nächtliche Wien zu gleiten, und sei's bloß zwei Minuten lang, so lange, wie Gott an diesem 8. Juli 1842 gesprochen hat.

Thomas Bernhard läßt in *Alte Meister* seinen Protagonisten Reger über die Stifterliebhaber sagen: »Entweder diese Leute sind dumm und haben keinerlei Kunstgeschmack und verstehen von Literatur nicht das geringste, oder sie haben eben, was ich leider zuerst glauben muß, Stifter nicht gelesen.«

Man sollte unbedingt zu denen gehören, für die ersteres gilt.

Man sollte auch zu denen gehören, die nicht nur die österreichischen Klassiker der Moderne wie Ernst Jandl und H. C. Artmann und die schwarz-graziöse Dame der Literatur Friederike Mayröcker gelesen haben, sondern ebenso Ernst Hinterberger kennen, den Autor, dessen 1966 erschienenes Buch *Das Salz der Erde* die Vorlage bildete für jene berühmte und zunächst vor allem berüchtigte Fernsehserie *Ein echter Wiener geht nicht unter*, deren Drehbücher ebenfalls von Hinterberger stammten, wobei die Hauptfigur im Film sich wesentlich von der im Roman unterscheidet.

Keine Frage, als 1975 die erste Folge ins österreichische Fernsehen kam, war das eine Sternstunde des ORF und ein Höhepunkt medialer und höchstpersönlicher Erregungen. Und ein wenig war es so wie bei den Bauernbildern Waldmüllers: Plötzlich standen Personen im Mittelpunkt, die man bis dahin nicht für fernsehtauglich gehalten hatte, kleine Leute, die allgemein als *Proleten* galten (und nicht als Proletarier, wie fälschlicherweise oft geschrieben steht). Nach dieser ersten Folge um die in einem Wiener Gemeindebau lebende Familie Sackbauer ging sofort ein Riß quer durch Österreich und quer durch eine jede österreichische Familie. Es war genau so wie drei Jahre später bei der Volksabstimmung um das fix und fertig gebaute Atomkraftwerk Zwentendorf und neun Jahre später anläßlich der Proteste gegen die geplante Errichtung eines Wasserkraftwerkes bei Hainburg. Die gleichen Debatten, die in den Medien geführt wurden, wurden mit ebenso großer Heftigkeit und ebenso bemühter Eloquenz in den Familien, den Schulen, den Büros, an den Stammtischen und in den Saunas geführt (man muß einmal in einer österreichischen Sauna gewesen zu sein, um zu sehen, wie sehr sich Menschen selbst bei höchsten Temperaturen echauffieren können).

Im Falle besagter Fernsehserie war es die derbe, sehr direkte und unverblümte, von cholerischen Anfällen untermalte Sprache des von Karl Merkatz so fulminant wie glaubwürdig verkörperten Familienvaters und hobbymäßigen Gewichthebers Edmund Sackbauer, auch »Mundl« genannt. Dieser Mundl (ein Begriff der sprichwörtlich wurde für leidenschaftlich biertrinkende Paradeproleten) brachte ein Verhalten auf die Fernsehbühne, welches in seiner realistischen wie humorigen Drastik (der Drastik des Alltags) das Publikum verstörte, verärgerte oder verzückte. Entweder war man der Meinung, daß derart ordinäre Ausdrucksweisen im Fernsehen nichts verloren hätten, oder man erfreute sich an der »Fernsehwerdung« einer Gestalt, deren Ausbrüche als originell und echt empfunden wurden, etwa wenn Mundl seinem erwachsenen Sohn ständig »Watschen« androht, nach welchen, wie er sagt, »dir vierzehn Tog der Schädl wockelt«. Natürlich ist dieser Edmund Sackbauer ein Ignorant sondergleichen, ein Schreihals und kenntnisarmer Besserwisser, der Idiotien mit dem gleichen Überdruck zum besten gibt, mit welchem die von ihm heftig geöffneten Bierflaschen überschäumen.

Aber während das Publikum anfangs bloß von dieser im Fernsehen bislang ungekannten Vulgarität abgestoßen oder angezogen war, zeigte sich bald, wie perfekt man die ganze Familiengeschichte strukturiert hatte, wie vielschichtig die einzelnen Figuren angelegt waren: Mundls geradezu madonnenhafte Frau Antonia, sein Sohn Karli, der bei allem Gebrüll und aller Roheit zerbrechlich anmutet, die Tochter Hanni, die sich aus dem Milieu herauszuschrauben versucht und eine Hübschheit erlangt, die nur schwierigen Menschen eigen ist, ihr als »Nudlaug« titulierter Freund Franz, der als angehender Schriftsteller gespenstisch-dünnhäutig durch die Szenerie wandelt, nicht zuletzt der weinerlich-versoffene Hausmeister

Blahovec oder das in seiner Bürgerlichkeit freundlich verstaubte Ehepaar Werner, Gestalten, die in den fünf Jahren ihrer Ausstrahlung einen Prozeß von der »Fernsehwerdung« zur »Menschwerdung« erlebten, wobei quasi mit der Entwicklung der Figuren auch die Zuseher reiften und die erste Heftigkeit der Diskussion sodann einem Plauderton wich, mit welchem man über nahe Verwandte spricht. Und das war diese Fernsehfamilie ja auch, nahe Verwandte von einem jeden, nicht nur den Wienern. Ganz Österreich war mit dieser Familie Sackbauer irgendwie verbandelt oder verwachsen, ob es einem paßte oder nicht.

Auch in dieser Serie war viel Biedermeier zu sehen, viel kleine Welt, viel Innenraum, nicht zuletzt die Ornamentik der siebziger Jahre, deren greller Schick hier eigentümlich verdunkelt die Räume schmückte, als betrachte man die Aufnahmen eines Londoner Modefotografen durch die gleiche Scherbe, mit der Stifter einst seine Sonnenfinsternis beobachtet hatte.

Auf ihre Art nicht minder biedermeierlich war die Posse um das Atomkraftwerk Zwentendorf. So etwas kann nur in Österreich geschehen, daß man zuerst ein AKW errichtet und dann auf die Idee kommt, wo es schon mal so schön dasteht, eine Volksabstimmung über dessen Nutzung abzuhalten. Und es ist ja in der Tat ein Unterschied, ob man ein solches Monstrum einfach nur baut oder ob man es auch verwendet. Um nochmals auf den im Grunde liebevollen und couragierten Familienvater Edmund Sackbauer anzuspielen: Es ist eine Sache, eine Watschen anzudrohen, und eine andere, sie auch auszuteilen.

Sonnenkönig Bruno Kreisky und sein Gefolge dachten sich die Volksabstimmung als einen kontrollierbaren Akt, der aber den Geruch basisdemokratischer Verhältnisse verströmen sollte. Die Umfragen – und damals meinte man, sich auf Umfragen noch verlassen zu können – bestätigten eine Bejahung der Österreicher zur Kernkraft. Aber plötzlich entbrannte eine Diskussion von jener Eindringlichkeit und Divergenz, wie man sie bei der Erstausstrahlung des »echten Wieners« erlebt hatte. Eine Diskussion, in der die Fachleute sich als unwissend und widersprüchlich erwiesen, sodaß jeder Österreicher sich selbst zum Spezialisten in Fragen der Kernkraft machte. Die Österreicher waren beim Atom angekommen. Jeder hatte das Gefühl, mit seiner Stimme über das Leben an sich abzustimmen, einerseits das Überleben im Falle eines möglichen Reaktorunfalls, aber gleichwohl über das Leben im Ganzen, ob man es in Würde oder Elend führen wolle, wobei diese Würde oder dieses Elend eben sehr unterschiedlich interpretiert wurden. Doch die Leute waren von einem solipsistischen Gefühl getrieben, als würde die eigene Stimme die einzig ausschlaggebende sein. Und genau so sollte ein Wähler ja empfinden.

Jedenfalls geschah das niemals Gewollte, aber auch niemals Bedachte: Eine knappe Mehrheit sprach sich am 5. November 1978 gegen die Inbetriebnahme des zu diesem Zeitpunkt nicht einmal mehr nagelneu zu nennenden Kernkraftwerkes aus. Nicht weiter erstaunlich, daß die zuständigen Herren sich ein wenig beleidigt fühlten vom engstirnigen Wahlvolk, sich dann aber sagten, daß derartige Mißgeschicke geschehen würden, um sie wieder auszubürsten. Niemand von ihnen dachte ernsthaft an ein Aus für Zwentendorf. Zur Not würde man so lange diesbezügliche Volksabstimmungen durchführen, bis das Ergebnis paßte. Doch fatalerweise kam das Unglück von Tschernobyl dazwischen, und gleich darauf war Zwentendorf gestorben.

Freilich ist das eine große Leiche, die da steht, eine Leiche, um die es still geworden ist. Welche allerdings als Organspender für deutsche Atommeiler dient, die der gleichen Familie angehören und zu den krankheitsanfälligsten ihrer Art gehören. Man nennt das genetische Disposition. – Es ist nun sehr zu hoffen, daß das Zwentendorfsche Objekt, so ausgeweidet es sein mag, im Bewußtsein Österreichs ebenfalls eine ornamentale Funktion erhalten wird. Kein Industriedenkmal wie anderswo, sondern ein Denkmal der österreichischen Eigenart, Dinge zu schaffen, um ihnen hernach den Nutzen abzusprechen. Man könnte dazu sagen: Mut zur Kunst.

Das andere Kraftwerk, welches nicht in Betrieb genommen wurde, war das Wasserkraftwerk bei Hainburg, welches jedoch im Vorfeld seiner Nicht-Nutzung gar nicht erst erbaut worden war. So »unkünstlerisch« und »banal« dies im Vergleich zum Eins-zu-eins-Modell in Zwentendorf erscheinen mag, so kompliziert war der Weg zu dieser Lösung. Dazu nämlich erwies es sich als nötig, daß einige tausend Bürger im Winter 1984 jene weitläufige Auenlandschaft besetzten, die im Zuge der Kraftwerkserrichtung hätte überflutet werden sollen. Nun, es war ohnehin die Zeit, da viele Menschen die Natur für sich entdeckten und sei es auch nur aus der Ferne, was ja nicht das Schlechteste ist, die Natur quasi in Frieden zu lassen. Doch in der Au mußte dieser Frieden erst erstritten werden, wobei sich eine Koalition unterschiedlichster Gruppen bildete. Die Farbe Grün war bei den Linken wie bei den Rechten angekommen. Die Farbe Grün glühte, was den beiden Großparteien ordentlich auf die Nerven gehen mußte. Unangenehm war auch, daß als Galionsfigur der Au-Beschützer (wie schon im Falle der Verhinderung des AKWs Zwentendorf) der so überaus populäre, in seiner weißbärtigen Art liebevoll und weise wirkende, zudem von einem Nobelpreis glorifizierte Konrad Lorenz fungierte. (Den Nobelpreis für Lorenz haben die Österreicher, wie auch, erstaunlicherweise, den für Canetti, als einen Teil eigener Leistung, eigenen Verdienstes empfunden – jeder sein eigener Verhaltensforscher und sein eigener Großdenker. Es versteht sich, daß die Sache bei Elfriede Jelinek etwas anders lief. Diesen Nobelpreis haben viele Österreicher als einen Akt purer Bosheit zu durchschauen gemeint. Als einen schwedischen Hinterhalt, einen Höhepunkt weltweiter Österreichverschwörung. Man empfand es als ein raffiniertes Unterfangen, ausnahmsweise einen Österreicher nicht anzuschwärzen, sondern ganz im Gegenteil, ihn auszuzeichnen).

Lorenz stellte seinen Namen sogar für ein gegen die Zerstörung der Au gerichtetes Volksbegehren zu Verfügung. Die Besetzung des Geländes, aufgespalten in mehrere Zeltlager, wurde währenddessen professionalisiert, auch fraternisierten die Besetzer mit den Bauern der Umgebung. Von anfänglichen Scharmützeln abgesehen, ging es ausgesprochen kultiviert zu, mitunter universitär. Die Zoologen hatten das Sagen. Mit einigem Bedauern lehnte die österreichische Tabakregie eine Bitte der Besetzer um kostenlose Zur-Verfügung-Stellung von Zigaretten mit dem Hinweis ab, bereits die eingesetzten Polizeibeamten auf diese Weise zu versorgen. Was dann nichts daran änderte, daß Gendarmen und Besetzer beim abendlichen Lagerfeuer sich gegenseitig Zigaretten anboten. Nicht, daß man zusammensaß, man stand, hochverehrt, wie bei einem diplomatischen Empfang, freundlich diskutierend. Dazwischen das Hundegebell, da sowohl Polizei als auch Besetzer selbstredend ihre »Haustiere« dabeihatten, demokratisierte Jagdhunde. Jedenfalls war bald klar, daß die Leute, die das Schicksal und die Politik hier zusammengeführt hatten, wohl kaum – wie das nämlich allgemein erwartet wurde – aufeinander einprügeln würden.

Sehr viel feindseliger war da die Haltung der Gewerkschaft, deren Niedergang in dieser Zeit sich bereits ankündigte. Gewerkschafter diffamierten die Demonstranten als von Steuergeldern lebende Studenten, die, statt zu studieren, nichts anderes im Sinn hätten, als wegen dem bißchen Natur die Arbeiter um ihre Arbeit bringen zu wollen. Es waren deutlich Töne zu vernehmen, die ein Eingreifen der Arbeiterschaft in der Au ankündigten. Als hätte man nichts gelernt. Aber Lernen, etwa aus der Geschichte, ist mitnichten eine österreichische Leidenschaft. Und wie gesagt, die Gewerkschaft war zu dieser Zeit bereits in die Phase ihrer Selbstzerstörung eingetreten, ein Akt, der in den folgenden zwei Jahrzehnten mit größter Intensität betrieben wurde, solcherart Populisten wie Haider in die Hand spielte und im Skandal um die Gewerkschaftsbank BAWAG nicht überraschend, sondern logisch mündete. Am Ende steht immer eine Bank, die zusammenbricht.

Nach meiner Meinung war der Polizeieinsatz in der Hainburger Au, der dann geschah – wohlweislich mit Beamten, die nicht an den Lagerfeuern gestanden hatten, ein Einsatz, welcher mit einer quasi theatralischen Härte erfolgte (wozu auch die großflächige, allerdings außerhalb des eigentlichen Baugeländes erfolgte Rodung gehörte) –, war dieser Einsatz also nur darum geschehen, um eine organisierte Arbeiterschaft daran zu hindern, sich an den Studenten gütlich zu tun. Die Medien hingegen sahen vor allem die Gewalttätigkeit der Exekutive; an erster Stelle tat dies die *Kronen Zeitung*, ansonsten kaum eine Freundin von Protestierern, die nun aber von der »Schande von Hainburg« sprach, ja, so wie die Deutschen einst die »Schande von Córdoba« beklagt hatten.

Doch wie gesagt, der Polizeieinsatz war eine Farce gewesen, eine Inszenierung. Eine Watschen, um eine andere Watschen zu verhindern. Jedenfalls erfolgte hernach keine Eskalation, sondern eine Beruhigung. Der SPÖ-Bundeskanzler Sinowatz, welcher eine kleine Koalition mit der FPÖ führte (die damals gerade erst in den Startlöchern ihrer rechtsnationalen Wiedererweckung hockte), traf sich mit Konrad Lorenz wie mit einem alten Monarchen und verkündete sodann einen »Weihnachtsfrieden«, auf daß die jungen Leute heim zu ihren Familien fahren könnten. Danach erlahmte der ganze Konflikt. So wie man sagt: Alle Kinder gingen ins Bett und schliefen – müde vom Tag – auch sofort ein. Schlußendlich verzichtete man auf das Kraftwerk, wie man auf eine heiße Schokolade verzichtet, die vom vielen Herumstehen eben keine heiße Schokolade mehr ist. (Man sollte viele Dinge einfach eine Weile herumstehen lassen.) – Heute ist die Au ein Nationalpark.

Konrad Lorenz' unrühmliche Rolle im Nationalsozialismus war bei alldem nicht wirklich ein Thema gewesen, worüber diesmal jedermann froh schien. Man verharmloste diesen Mann nur allzu gerne zu einem Vater der Graugänse und kümmerte sich wenig um dessen in keiner Weise auf die nationalsozialistische Zeit beschränkten Theorien über die Bedeutung »kranken Erbmaterials«. Überhaupt ist die Verdrängung der »unglücklichen Nazigeschichte« bekanntermaßen eine österreichische Spezialität, die dann wenig später ihren Höhepunkt erreichte, als derselbe Kanzler Sinowatz intern ankündigte, die Öffentlichkeit über die »braune Vergangenheit« des Bundespräsidentschaftskandidaten der Konservativen, Kurt Waldheim, unterrichten zu wollen. Vielleicht hätte er sich das noch überlegt, wenn er Zeit zum Nachdenken über das Wesen seiner Landsleute gehabt hätte, aber die Sache drang nach außen und wurde zum grandiosen Politikum.

Daß Herr Waldheim sich unter den Fragen der Journalisten wand und eine Komödie der Vergeßlichkeit zum besten gab, ist bekannt. Und eigentlich hätte man ihn dafür verachten müssen, so klein und stotternd und verbissen lächelnd und alles andere als staatsmännisch, wie er da auftrat, ein Mann, der einst die UNO geleitet hatte (und man möchte glauben, nicht die Weltorganisation, sondern das gleichnamige Kartenspiel sei gemeint). Doch Waldheim war im Lande zum Symbol geworden für die ganz grundsätzliche Anständigkeit des österreichischen Menschen, die man sich von der Welt – von einer vom jüdischen Weltkongreß dirigierten Welt – nicht in Frage stellen lassen wollte. Eine Welt, die Österreich nach dem Ersten Weltkrieg in ein Mini-Land verwandelt hatte.

Ursprünglich ein Weltreich, eine, wie Karl Kraus sagt, »Versuchsstation des Weltuntergangs«, in dem alles mit den größten Maßstäben betrachtet wurde, eben auch die Zerstörung, war Österreich mit einem Mal wie in Unterhosen dagestanden. Man hatte sich als Riese schlafen gelegt und war als Zwerg wieder aufgewacht. Der kurzzeitige Anschluß an Deutschland (und die lautstarke Akzeptanz, die damit einherging) wurde mitnichten als vollwertiger Ersatz für den Verlust der Großmachtstellung gesehen. Es macht den Österreichern wenig Vergnügen, Deutsche zweiter Klasse zu sein, oder, wie Harry Rowohlt sagt, Deutsche mit Hut. Darum wehren sie sich auch so dagegen, mit den Deutschen in einen Nazitopf geworfen zu werden. Sie bestehen auf ihren eigenen Topf. Der ist nicht braun, sondern dunkelgrün. Faschismus als Wanderweg. Nein, der Anschluß war den Österreichern ein schlechter Trost für die erlittene geographische Minimierung.

Auch wenn die Österreicher nach dem Zweiten Weltkrieg aus der Not eine Tugend machten und sich im neuen Europa das kleine Format mitunter als vorteilhaft erweist (vor allem, wenn die Farbe ausgeht, um die ganz großen Bilder zu malen), so stieg während der Waldheim-Affäre die alte Wut gegen die Welt wieder mächtig empor und machte einen Mann zum Helden, dem deutlich anzusehen war, daß er oft nicht wußte, wie ihm eigentlich geschah. Der zwischenzeitlich verstorbene Kurt Waldheim war meines Erachtens kein *echter* Österreicher, sondern ein Mann, den man wirklich in jedes beliebige Land einfach hätte hineinstellen können, wie bei einem Steckspiel, und es hat somit eine tiefe Tragik und auch komische Seite, daß ein großer Teil der Österreicher sich trotzig hinter diesen einen Mann stellte und ihn zum Bundespräsidenten machte, in der törichten Annahme, er sei einer von ihnen.

Die antisemitischen Töne, die in dieser Phase aufbrachen, konnten nur jene erschrecken, die von diesem Land halt keine Ahnung haben. Seit jeher rüsten sich die Österreicher mit dem Antisemitismus wie mit einem aufgespannten Regenschirm aus, ohne daß es aber regnet oder auch nur ein besonders grelles Licht vorherrschen würde. Aber sie tun so, als würde es eben *doch* regnen, und zwar Hagelkörner oder gar Ziegelsteine, oder zumindest Frösche, und als würden sie ohne ihre Schirme erschlagen werden. Nirgends in der Welt ist der Antisemitismus so irrational wie in Österreich und so sehr mit dem Haß gegen sich selbst verbunden. Die eingebildete Regenwolke, vor der man sich so fürchtet, ist eine höchstpersönliche, wie in diesen Kindergeschichten, wenn ein kleines Wölkchen ständig über dem Helden steht und ihn verdunkelt. Was täten wir ohne diese Wolken? Hin und wieder natürlich verbirgt man den Schirm unter dem Mantel einer mißmutigen Liberalität (aber der Mantel paßt nicht, wie die meisten Dinge, die aus dem Wort »Toleranz« gewebt wurden).

Die Waldheim-Affäre hat die Österreicher auf sich selbst zurückgeworfen. Und ich denke, sie haben sich selten so gut gefühlt wie damals, selbst die Waldheim-Gegner noch. Im Strudel kommen alle zusammen.

Meine Güte, war dieses Kapitel nicht dem Absonderlichen gewidmet? – So will ich es mit einem Künstler abschließen, der gar kein Österreicher war, sondern ein Ehrenösterreicher oder auch Arbeitsösterreicher. Oder auch nur jemand, der in Österreich ein bißchen verrückt geworden ist. Immerhin wurde er in diesem Land zum wichtigsten, zum originärsten Bildhauer des Spätbarocks. Die Rede ist von dem 1736 im damals von den Bayern vereinnahmten Ort Wiesensteig geborenen Franz Xaver Messerschmidt, einem Schwaben, der via München und Graz nach Wien ging, so wie jemand, der sich auspeitschen läßt, bevor er in den Ring steigt.

Man kann jedermann nur empfehlen, die Österreichische Galerie im Belvedere aufzusuchen und sich Messerschmidts *Schnabelkopf* anzusehen, eine Alabasterbüste, die höchstwahrscheinlich den »Geist der Proportionen« darstellt, jedoch auf den unbedarften Betrachter als eine schockierende Schädel-Konzentration wirkt, eine Versammlung aller möglichen Köpfe zu einer einzigen schrumpfkopfartigen Verdichtung. Wenn die Rede von einem »Zwitter aus Mensch und Tier« ist, dann bezieht sich dies auf den schnabelförmig zulaufenden, nach oben gereckten Mund, der aber auch als ein Mundwerkzeug, als ein Saugrüssel gesehen werden könnte, so, als versuche die Figur solcherart die Luft einzusaugen oder eine Art Nektar aus dieser Luft herauszufiltern.

Für Messerschmidt mag es – wie eigentlich alle echte Kunst es tut – der gelungene Versuch gewesen sein, einen Geist zu bannen, ihn in den Stein zu zwingen, in die Plastik hinein wie in einen Käfig. Beziehungsweise der Versuch, dem Geist das eigene Spiegelbild vorzusetzen und ihn auf diese Weise zu erschrecken und zu verjagen.

Nun gibt es Geister, die kann man verjagen, andere aber nicht. Und der Geist der österreichischen Bürokratie ist natürlich vollkommen unverjagbar. Zu seinen Unarten gehört es, Leute in hohe und höchste Positionen zu hieven, die sich durch Opportunismus, aber ebenso durch eine Art von Geselligkeit auszeichnen. Dem Verschlossenen hingegen bleibt auch die Karriere verschlossen. Gerade von Künstlern fordert die Bürokratie ein durchschaubar künstlerartiges Wesen, wobei durchaus Anklänge an psychotische Verhaltensweisen erlaubt sind, aber selbstverständlich auf eine dekorative Weise. Gefragt ist eine nachvollziehbare Exaltation, eine poetische Pose, ein dämonischer Blick, Turnschuhe statt Krawatte, etwas in dieser Güteklasse. Aber nicht jemand, der es wirklich ernst meint.

Der Schwabe und Wahlwiener Messerschmidt scheiterte nicht am Geist der Proportionen, sondern am Geist der Bürokratie. Sein offenkundiges Genie, das er selbstbewußt zu offerieren wußte, sein eher unelegantes und charmearmes Auftreten, seine fehlende Untertänigkeit, sein derber Fleiß, sein als Misanthropie begriffenes Distanzbedürfnis, sein Mangel an Heiterkeit – ich möchte sagen: seine unösterreichische Asexualität –, das alles mußte den Kollegen und Rivalen mißfallen, so wie es ihnen gleichzeitig in die Hände spielte. Natürlich, damals wie heute wird gerne behauptet, die Ablehnung der Akademie, Messerschmidt die versprochene und mehr als angemessene Professorenstelle zu übertragen, sei mit dessen angehender Erkrankung des Geistes begründet gewesen. Das ist ganz typisch für Österreich, daß nämlich Leute, die an diesem Land und seinen Gepflogenheiten verzweifeln, verdächtigt werden, *richtig* geisteskrank zu sein, also auf eine »unnormale« Art. Die Verursacher einer Paranoia schreiben die Paranoia irgendeiner verdrehten Hirnwindung zu. Sie verhalten sich wie jemand, der den falschen Baum umsägt und dann die ganze Schuld auf die Säge schiebt. Beziehungsweise auf den Baum, der sich der Säge so ungünstig in den Weg gestellt hat.

Messerschmidt hat wunderbare, so virtuose wie elementare Büsten, Standbilder und Reliefs von Kaiser Joseph II., Maria Theresia und Franz I. Stephan von Lothringen geschaffen, aber auch auf eine intime Weise klassizistische Porträts des kaiserlichen Leibarztes Gerard van Swieten oder des Begründers des animalischen Magnetismus, Franz Anton Mesmer. Messerschmidts Hauptwerk aber, ein Werk, das heute noch erschreckt und verzaubert und überrascht, sind die sogenannten *Charakterköpfe*, eine Werkgruppe von »Portreen«, von verwandten Köpfen, in denen die menschlichen Daseinszustände bis in ihre dämonenhaften Peripherien in exemplarischer Form dargestellt werden. Köpfe, die dem Wahnsinn Messerschmidts angedichtet wurden (schöner Wahnsinn, der solch überlegene und analytische Darstellungen hervorbringt!), bevor sie dann – wie um den längst toten Messerschmidt endgültig zu zerstören – in Kuriositätenkabinetten landeten; so wurden sie etwa im Prater ausgestellt, als handle es sich um lauter Damen ohne Unterleib.

Aber wo ein guter Gott waltet, kann sich der lange Arm böser Geister nicht ewig strecken. So kam es, daß ab der zweiten Hälfte des neunzehnten Jahrhunderts nach und nach eine Würdigung und quasi ein »Einfangen« der Büsten für museale

Zwecke stattfand und sich sodann – nicht weiter verwunderlich – moderne Künstler fanden, um den nicht minder modernen Messerschmidt zu verarbeiten, etwa Arnulf Rainer, dessen Übermalungen selten so passend ausfielen wie bei Inangriffnahme dieser Charakterköpfe. Daß natürlich auch alle jene ihre Freude daran hatten und haben, die gerne dem Genie-Wahnsinn-Komplex anhängen, versteht sich. Das wirklich Schöne aber ist, daß man Messerschmidts Schöpfungen frei von alldem betrachten kann, und zwar, ohne sich zu langweilen. Es handelt sich um autarke Skulpturen. Auch sollte man unbedingt darauf verzichten (große Warnung für den deutschen Besucher!), die Titel zu lesen. Sie sind nachträglich entstanden, haben sich eingebürgert, sind aber mit Sicherheit schlechte Ratgeber zum Verständnis dieser Skulpturen.

Es erscheint mir vollkommen logisch und zwangsläufig, daß selbige Köpfe aus der »österreichischen Situation« heraus entstanden sind, auch wenn sie zum Teil in Wiesensteig und später dann in Preßburg hergestellt wurden, wo Messerschmidt 1783 starb. Freilich soll hier nicht behauptet werden, Messerschmidt sei ein unkomplizierter, netter Kerl gewesen, den Wien und die Wiener ruiniert haben und welcher aus den Umständen dieses Ruiniertwerdens eine Reihe völlig singulärer und bis heute den Betrachter packender Bildhauereien geschaffen hat, nein, es soll nur gesagt werden, daß so was mitunter vorkommt.

Es ist übrigens bemerkenswert, daß Messerschmidt in seiner späten Schaffensphase, die vor allem seinen »Kopfstücken« gewidmet war, auch einige Porträtaufträge erfüllte, die, so finde ich, von großer Klarheit der Gedanken zeugen, etwa die Büste des Historikers Martin Georg Kovachich, deren Präzision im Ausdruck und schnörkellose Raffinesse eine mathematische Qualität besitzen, als könnte man das Gesicht eines bestimmten Menschen errechnen. Nicht nur als Schöpfer der rätselhaften *Charakterköpfe* ist Messerschmidt also herausragend, sondern zudem als neoklassizistischer Wegweiser in eine aufgeklärte Kunstepoche.

Ja, so sehen in Österreich Sonderlinge aus.

Der Österreicher und der Alkohol

Eine Liebe, die nie vergeht

Ist es das wirklich wert, diesem Thema ein ganzes Kapitel zu widmen?

Zumindest ein kleines, finde ich, ein grundsätzliches. Denn auch hier gilt wieder, daß natürlich die Österreicher nicht die einzigen Menschen auf der Welt sind, die dem Alkohol zuneigen, ihre Zuneigung jedoch in einer ganz speziellen Weise erfolgt. Wenn es nämlich in den Fragmenten des Alcäus heißt, im Wein liege die Wahrheit beziehungsweise der Wein sei ein Spiegel der Menschen, dann nimmt der Österreicher diese Behauptungen sehr ernst. Er glaubt an diese Wahrheit, und er glaubt an den Spiegel. Er betrachtet sich im Wein, und was er darin sieht, das gefällt ihm ganz außerordentlich. So sehr die Österreicher von einem latenten Selbsthaß geprägt sind, so lieblich erscheint ihnen ihr Spiegelbild im Wein. Sie beginnen sich zu mögen, ja sie beginnen auch die anderen zu mögen. Es ist darum mehr als nur ein im Ausland gerne kolportiertes Klischee, wenn von dieser gewissen Gemütlichkeit in Wirtshäusern und beim Heurigen gesprochen wird. Dies sind Orte der Selbsttherapie und Selbsthypnose, wo der einzelne sich an sich selbst berauscht. Und der glückliche Mensch – der in sich selbst verliebte Mensch – ist sicherlich der bessere. Aus seiner gesicherten Position heraus neigt er dazu, auch die anderen in ihrer Schönheit zu erkennen und zu akzeptieren. Er fragt den Spiegel (also den Wein) nicht danach, ob es hinter den sieben Bergen bei irgendwelchen Zwergen irgend jemanden gibt, der noch besser und schöner und glücklicher ist. Nein, er ist sich seiner Einmaligkeit auch ohne Nachfrage bewußt. So entsteht eine Fröhlichkeit und Freundlichkeit, die nicht selten auch den Fremden einschließt. Auf eine oberflächliche Weise, das versteht sich. Der Fremde bildet gewissermaßen den Rahmen um den Spiegel, er bildet in diesem Fall das Ornament, eine Zierde, welche die Großzügigkeit des Österreichers zum Thema hat. – Dies alles bedenkend, muß man den Begriff des Spiegeltrinkers neu definieren.

Das möchte ich nun gleich zum Anlaß nehmen, die verschiedenen Trinkertypen zu charakterisieren, so wie ich sie vom Österreichischen her begreife. Da wäre zunächst der Vormittagstrinker, ein Mensch, der nicht unbedingt Alkoholiker sein muß, aber darf. Das Vormittagstrinken ist logischerweise eine Domäne der Pensionisten und der auf die lange, wenn nicht endlose Strecke der Arbeitssuche geratenen Personen (eine Schatzsuche ohne Schatz). Der Vormittagstrinker ist der Politisierer unter den Trinkern, er rezipiert die soeben gelesene Zeitung, kümmert sich um das Weltgeschehen, neigt zur Soziologie und zum theoretischen Aufrührertum. Man kann sagen, daß er das Leben nur von seiner taghellen beziehungsweise grellen Seite kennt, da er kaum die Abende erlebt. So weit schafft er es selten. Die einzige Dunkelheit, die er erfährt, ist die Morgendämmerung, die Stunde der Wölfe und der Hähne und der ersten Straßenbahnen sowie der Morgennachrichten, dank derer sich der Vormittagstrinker über jene Dinge informiert, die er am Vorabend – tief in seinem Traum und seinem Rausch begraben – versäumt hat.

Bitte nicht vergessen, ich beschreibe hier die Reinformen der Trinker.

Die nächste zu erwähnende ist logischerweise die des Nachmittagstrinkers, worunter sich viele Beamte befinden sowie Menschen, die von irgendeiner Schichtarbeit ins Leben entlassen werden oder sich dank Gleitzeit die Liebhaberei nachmittäglichen Alkoholkonsums erwirtschaftet haben. Die Nachmittagstrinker sind weniger politisch als ihre vormittäglichen Pendants, jedoch weit geselliger, mitunter euphorisch, unter ihnen sind die meisten der von mir so apostrophierten »Spiegeltrinker«, viele davon könnte man auch als Freilandtrinker bezeichnen, da sie gerne im Außenbereich sitzen, beim Heurigen, in Schanigärten, in Gastgärten, auf den Terrassen der Berghütten oder jenen Aufbauten, die an Seeufern installiert werden, Schanzentische für ein Schauen übers Wasser. Die Freilandtrinker sind naturgemäß die fröhlichsten, sie verfügen über eine eingebildete Nähe zur Natur, weshalb sie besonders gerne den Naturcharakter des Weins betonen. Sie halten sich niemals für betrunken, maximal von den Natureindrücken, aber nicht vom Wein, den sie als Lebenselixier und Jungbrunnen definieren. Sie fahren gerne mit dem Auto und pflegen einen charmanten Umgang mit den örtlichen Polizeiorganen.

Unter den Nachmittagstrinkern sind auch wieder viele Pensionisten, in der Regel aber die bessersituierten, welche ihre Vormittage dem Sport und ähnlicher Esoterik widmen.

Der Nachmittagstrinker, der gerne zum Heurigen geht, ist bekanntlich ein wenig laut. Er muß seine Fröhlichkeit dem Universum mitteilen, mitunter singend, wenngleich das nach meinen Erfahrungen eins von den Klischees darstellt, die sich heutzutage nur noch selten materialisieren. Wenn Gesang, dann scheint er nicht spontan, sondern organisiert.

Zum Unterschied zu den zwangsläufig eher gesund anmutenden Freilandtrinkern gibt es Nachmittagstrinker, welche kategorisch, fast militant, den freien Himmel oder auch nur die frische Luft meiden und selbst bei schönstem Wetter die Gaststube aufsuchen. Auch sie neigen zur Geselligkeit, sind aber weniger laut, man könnte sagen, weniger bacchantisch, dafür intellektueller, was nicht heißt, daß sie weniger trinken. Sie reden gerne über den Fußball und tun dies kenntnisreich und analytisch, die Frauen nicht weniger als die Männer (wobei Frauen eher zu den Freilandtrinkern gehören, was tausend gute Gründe haben mag, nicht zuletzt die positive Förderung des eigenen Teints).

Die klassische Frage des Nachmittagstrinkens ist natürlich die nach dem Aufhören. Die Überlegung also, wann es genug ist und ob man etwa in den Abend hineintrinken sollte oder nicht. Wie Bergsteiger, die bei Anbruch der Dämmerung umkehren oder eben nicht umkehren. – Ich habe dies einmal so formuliert: »Er mußte sich erst wieder an die Wiener Weißweinsitte gewöhnen, an das Nachmittagstrinken, welches dazu führte, daß alles, was dann im Laufe des Abends geschah – vorausgesetzt, man versoff diesen Abend nicht –, einen feinen Glanz besaß. Und etwas ganz leicht Unwirkliches. Wie man das von Papageien kennt, die die ganze Zeit in der üblichen Weise vor sich herplappern, um dann plötzlich etwas zu sagen wie ›Ich liebe Doris‹, nur daß eben niemand eine Doris kennt. So war das, wenn man nachmittags trank und abends damit aufhörte.« (*Ein dickes Fell*)

Das richtige Aufhören zeigt die Meisterschaft eines Nachmittagstrinkers. Das heißt nicht, daß man nicht im Laufe des Abends nochmals einen Schluck zu sich nehmen kann. Wie der Bergsteiger sich nochmals nach dem Gipfel umsieht, den er nicht besteigen wird. In diesem Umsehen steckt die Würde, in einer nächtlichen Gipfelstürmung die Verzweiflung.

Einen Abendtrinker gibt es eigentlich nicht wirklich. Es gibt Leute, die am Abend trinken, das schon. Aber sie tun es selten im Bewußtsein der Stunde, des Tagesabschnitts. Sie trinken zum Essen oder zum Reden oder zur Zigarette oder weil sie alleine sind oder weil sie nicht alleine sind, aber ihr Trinken erscheint mir weniger als Basis denn als Hintergrund. Das gilt vor allem für die Weinkenner oder angeblichen Weinkenner, auch wenn sie sich die Weine darreichen lassen wie einen erlegten Feind, den man sodann im Stil eines affektierten Kannibalen verspeist, um sich seine Kraft anzueignen. Aber dies ist Staffage, Mimikry, Parodie.

Das Abendtrinken ist jedenfalls eine indifferente Angelegenheit. Erst mit späterer Stunde entwickelt die Trinkerei wieder so etwas wie Profil, tritt aus dem Hintergrund hervor, wird wesentlich. Einerseits, weil sich erneut die Frage des Aufhörens stellt (das beste Glas ist wahrscheinlich jenes letzte, welches man noch ganz gut verträgt, bevor man dann eines zuviel erwischt und sich um den ganzen Nutzen bringt), andererseits, weil der Alkohol wieder zur Hauptsache aufsteigt, nicht mehr verstellt wird von Speisen oder von offiziellen Reden oder der Geschäftigkeit, mit der die Anbahnung eines Kontakts zum anderen oder eigenen Geschlecht erfolgt.

Die späte Stunde ist die Zeit der *Achteln*, die auch gerne *Fluchtachteln* genannt werden, als spreche man von einer Symbiose aus Leben und Tod, von etwas Letztem, aber nicht Endgültigem. Weshalb es ja des öfteren vorkommt, daß nach einem letzten Fluchtachtl ein allerletztes bestellt wird und so weiter. Abgesehen davon, schmeckt der Wein als Achtel sehr viel besser als als Viertel oder als Nullzwei. Der 1 / 8 Liter ist einfach die richtige Menge, Gott weiß warum, so wie die Dreizehn die perfekte Unglückszahl ist und kein Berg neuntausend Meter erreicht (und auch kein Stabhochspringer, was irgendwie beruhigend ist). Die *wahrhaftigen* Trinker trinken sowieso nur Achteln.

Stimmt, ich vernachlässige das Bier. Aber es hat nun mal einfach keine Funktion, auch wenn es getrunken wird. Auch Wasser wird getrunken, auch Cola, auch ein toxisches Gebräu, das Menschen angeblich Flügel verleiht, wobei die Fliegerei, die dabei betrieben wird, jenen berühmten Satz von Qualtinger / Bronner zitiert: »I hob zwoar ka Ohnung wo i hinfoahr, aber dafür bin i gschwinder duat.« Nein, all diese Getränke mögen in noch so großen Mengen konsumiert werden, echtes Trinken ist in Österreich allein eine Sache des Weins, vor allem des Weißweins.

Sollten Sie ein Lokal aufsuchen, in dem keine Achteln serviert werden, sind Sie meiner Meinung nach falsch. Zwei Felder zurück.

Innerhalb dieser drei oder vier von der Tageszeit her bestimmten Trinkergruppen existieren natürlich weitere Unterscheidungen, die mit der Menge und der Art des Konsumierens zusammenhängen. Die primitivste Form, die des Vollzeit- wie des Teilzeitsäufers (wobei eine spezielle Spielart des Teilzeitsäufers der Quartalsäufer wäre), verdeutlicht das Unglück des Kontrollverlustes. Jemand fällt in sein Spiegelbild und zerstört es auf diese Weise. Der Vollzeit- oder Teilzeitsäufer ist somit ein verunglückter Spiegeltrinker, woraus sich zwangsläufig eine gewisse Unleidigkeit dieses Typus ergibt. Solange er noch imstande ist, aufrecht zu stehen und halbwegs sein Sprachorgan zu bedienen, tendiert er entweder zur Besserwisserei oder zu einem stark ichbezogenen Lamento. Dabei macht er nicht selten den Alkohol für sein Unglück verantwortlich. Das ist richtig, hat aber auch etwas Rückgratloses. Er ist ein Anhänger von Murphys Gesetz, er riecht das Scheitern, er sieht dauernd Brote, die auf die Butterseite fallen, oder dauernd Brote, auf denen die Butter fehlt, und fühlt sich ständig in der falschen Schlange stehend. Und er fühlt sich selbstverständlich verfolgt. So wie er umgekehrt dauernd oder periodisch hinter dem Wein herjagt.

Ganz anders der Gewohnheitstrinker, der es wesentlich langsamer angeht, der dem Wein nicht hinterherläuft, weil er ganz gut weiß, daß der Wein eine haushundartige Mentalität besitzt und also von selbst kommt. Der Gewohnheitstrinker strahlt solcherart eine gewisse Ruhe aus, er ist nie ganz nüchtern, aber selten wirklich besoffen. Er hat ein höchstpersönliches Quantum, das er ungern unter- oder überschreitet, eine Kilometerzeit. Diese Ordnung bestimmt auch sein übriges Leben. Er gehört zu den Leuten mit Ritualen von der Art, nur an Samstagen ein Frühstücksei zu genießen, aber täglich vor dem Schlafengehen die Kleidung für den nächsten Tag herzurichten. Keine Frage, auch der Gewohnheitstrinker kann hin und wieder über die Stränge schlagen – etwa eine fremde Person küssen –, aber es ist ihm nachher immer peinlich. Er ist der Typ, der sich gerne entschuldigt.

Unter den Leuten, die nur hin und wieder oder mit kleinen oder großen Unterbrechungen trinken, gibt es die Erlebnistrinker und die Krampftrinker. Erlebnistrinker sind Urlaubertypen, Leute, die sich trinkend von ihrem sonstigen Leben erholen. Für die der Alkohol eine »Droge« darstellt, die ihnen hilft, sich zu vergessen – in beiderlei Bedeutung des Wortes. Der Alkohol bringt sie in einen Zustand, der ihnen etwa ermöglicht, sich mit einer beamteten Person anzulegen, eine Obszönität auf die Klowand zu schreiben, ein selbstverfaßtes Gedicht vorzutragen, und dies alles mit dem Gefühl, jemand anderer zu sein, als der, der man ist.

Der Krampftrinker wiederum trinkt, weil es dazugehört, weil die gesellschaftliche Konvention ihn gegen seinen Willen dazu zwingt. Das ist nicht neu, aber tragisch. Unter den Krampftrinkern sind viele Weinkenner, Leute, die aus der Not eine Tugend gemacht haben, Leute, die eine große Kenntnis von der Materie besitzen und nicht selten ganze Weinkeller eingerichtet haben, als wollten sie ihren Feind lebendig begraben. Daß sie bei alldem vielleicht so etwas wie Freude und Genuß entfalten können, will ich gar nicht bestreiten. Dies ist vergleichbar jenen Menschen, die aus ihrer Flugangst heraus dazu übergegangen sind, so oft als möglich im Flugzeug zu sitzen und dabei euphorische Gefühle entwickeln. Man nennt das Überwindungskunst. Der Krampf freilich bleibt.

Daß unter den Weinkennern noch ein anderer Typus vertreten ist, darf ich nicht ausschließen, aber es entzieht sich meiner einseitigen Kenntnis.

Ein sehr interessanter Trinkertopos ist auch jener von Heimito von Doderer in seinen *Dämonen* beschriebene des Pro-forma-Trinkers, der mit dem Krampftrinker zwar verwandt ist, aber einen weniger dramatischen Ausweg aus der Misere findet.

Doderers Figur, der Buchbindermeister Hirschkron, »zirkulierte um die Tische wie eine arme Seele um die Gräber« und »er gehörte zu keinem Tisch, er gehörte zu allen«. Hirschkron, der aus dem Leben herausgefallene, ein wenig schon im Jenseits stehende Mensch, hat ständig ein Weinglas in der Hand, von dem es heißt: »Es war immer halb voll, und es war immer derselbe längst warm gewordene Wein«. Irgendwann, nachdem er es lang genug herumgetragen hat, stellt Hirschkron das Glas ab und läßt es dort auch stehen. Das ist ein schönes Bild: daß es nämlich mitunter gar nicht darauf ankommt, den Wein tatsächlich zu trinken, sondern ihn bloß spazierenzuführen. Eine Art sozialer Pflicht zu erfüllen, das Glas und den Wein zu bewegen. (Das erinnert mich ein bissel an eine Äußerung Sten Nadolnys, wenn er von der Kunst eines Autors spricht, sein nächstes Buch *nicht* zu schreiben. Wobei Nadolny nicht etwa von schlechten und darum verzichtbaren Büchern spricht. So wie es mir nicht um schlechte Weine geht. Es geht um die Größe und Würde, die dabei entsteht, etwas nicht zu tun. Wahrscheinlich ist das der eigentliche Höhepunkt des Lebens: Unterlassung.)

Diese von Doderer beschriebene Form stellt ein Nichttrinken dar, doch ein *Nichttrinker* ist natürlich jemand anderer. Der österreichische Nichttrinker neigt angesichts seiner stark vom Alkohol geprägten Umwelt zur großen Verweigerungsgeste. Er bildet damit dramaturgisch das zwillingshafte Gegenstück zum Säufer. Der Nichttrinker scheint ständig auf der Suche nach Alkohol zu sein, um sich ihm zu entsagen. Auch er sieht in den Spiegel hinein, erkennt dort aber nicht das eigene Antlitz, sondern eine schreckliche Fratze, eine Vision vom Ende der Menschheit qua Alkohol. Gelassenheit ist das nicht. Der Nichttrinker ist ebenfalls ein Trinker.

Daneben gibt es freilich noch Leute, die ganz ohne Theater

alkoholfrei bleiben, die weder Trinker noch Nichttrinker sind, sondern... Ich weiß gar nicht, ob man diese Leute als Österreicher bezeichnen kann.

Letztendlich muß im Weinkapitel eines halbwegs populären Österreichbuchs natürlich der Begriff *Glykol* fallen. Es war 1985, als man einigen Winzern auf die Schliche kam, daß sie ihre Weine mit Diethylenglykol auffrisiert hatten. Ein Skandal, natürlich, andererseits war und ist Österreich ohnehin eine Art Skandalonien, eine Weintraubenrepublik im Sinne einer Bananenrepublik. Der Glykolskandal reihte sich da ein in eine Menge anderer Affären und hatte nur darum eine solche Bedeutung, weil der Export betroffen war, welcher praktisch zum Erliegen kam. Was ein wenig kindisch war, diese Verhängung einer Kollektivschuld. Immerhin kann aber gesagt werden, daß Österreich – das geradezu eine Kunst daraus macht, aus Skandalen *nicht* zu lernen, im Gegenteil, diese aufgedeckten Machenschaften zur Basis für noch gewaltigere Skandalschöpfungen nimmt – aus dieser einen Angelegenheit sehr wohl die Lehre gezogen hat. Bekanntermaßen steht der österreichische Wein heute besonders gut da.

Dennoch kann man dem Österreichbesucher nur empfehlen, einmal nicht auf das sichere Pferd prämierter Spitzenweine zu setzen und statt dessen eine Fahrt in die diversen Weinbaugebiete zu unternehmen und sich dem Zufall zu überantworten. Oder dem Instinkt. Einen dieser Weinbauern aufzusuchen, die etwas produzieren, was gern als ehrlicher Wein bezeichnet wird, Weine, die nicht wie narkotisierte Designerklamotten schmecken und welche mitunter auch etwas Eckiges und Sperriges besitzen, nicht nur glatt und weich und polyglott dahinströmen. Diese kleinen Weinbauern sind nicht selten höchst eloquente Chronisten der eigenen

Ware, und die Verkostung in einem ihrer Weinkeller ist noch immer so, als steige man in den Bauch der Welt. Am perfektesten jedoch ist es sicherlich, vor einem dieser Häuser zu parken, wo der Flaschenwein unbewacht auf der Straße steht und man den auf einen Karton geschriebenen Preis in ein Behältnis wirft. Ein solcher Kauf ist frei von jeglicher Ornamentik, er selbst ist das Ornament. Nebenbei ist auf diese Weise die Entdeckung eines besonders guten Tropfens noch eine Tat, auf die man stolz sein kann, während die meisten Leute ihren Wein einkaufen, als handle es sich um den Abschluß einer Lebensversicherung.

Der Mensch, der Österreich besucht, ist zwangsläufig ein Gasttrinker, der natürlich dazu neigt, viel zu probieren, zu vergleichen, zu bewerten. Wenn er aber auch den Mut besitzt, den Wein als besagten Spiegel zu benutzen, hat er die Möglichkeit, für einen Moment lang sich selbst als Österreicher zu sehen. Und das ist sicher die bessere Methode, als etwa Lederhosen anzuziehen oder sich mit dialektalen Phrasen abzumühen.

Wem dies gelingt – in einer Sphäre vom Rausch modellierter Klarheit schwebend –, erkennt das Glück und Elend einer »Rasse«, die sich nirgendwo so geborgen fühlt wie im Scheitern, gleich, wie sehr irgendwelche Berufsoptimisten zum positiven Denken aufrufen. (Versagen ist etwas anderes, Versagen ist ein Vorwurf, der von außen kommt, das Scheitern hingegen kommt von innen, fast könnte man von einer Überzeugung sprechen.)

Es ist ein Gedanke, der mich oft fasziniert hat, die Vorstellung, daß in jedem Menschen auf dieser Welt ein klein wenig von einem Österreicher steckt: ein Bakterium, eine winzige Krankheit, eine kleine Bitterkeit, die aber in einer humorvollen Schale steckt. Dies fußt natürlich auf der Überlegung, daß Gott sich den Österreicher ausdachte, bevor dieser auch nur in Ansätzen existierte. Und die Frage ist dann sicher, ob Gott bei der Erfindung des Österreichers (zusammen mit der Idee, ein Partikel davon in jeden Menschen zu pflanzen) etwas Gutes oder Schlechtes im Sinn hatte.

Ein Prinzip dieser Frage ist, daß jeder sich die Antwort selbst aussuchen darf.

Der Österreicher und der Tod

Sein schönstes Hobby

Wenn am Anfang dieses Buches erklärt wurde, der Reisende, der nach Österreich kommt, würde sich auf die andere Seite des Spiegels begeben und damit eine Art Jenseits betreten, dann braucht es natürlich nicht zu verwundern, daß die Österreicher ein ganz besonderes Verhältnis zum Tod besitzen und dieses besondere Verhältnis kultivieren. Man könnte sagen: Sie sind ja schon tot. Aber selbstverständlich auf eine höchst lebendige Weise. Das Totenreich, in dem sich die Österreicher bewegen, reflektiert das Leben, karikiert es, verstärkt es, das Lebendige wird versteinert, das Versteinerte ins Leben zurückgerufen. Darum wirken so viele Dinge in Österreich einerseits vertraut, andererseits aber auch stark verzerrt. Ein österreichischer Sozialdemokrat erscheint wie das kubistische Porträt eines deutschen Sozialdemokraten: verschachtelt, verschoben, grotesk, unwirklich, gleichzeitig aber – weil das nun mal Sinn des Kubismus ist – wahrhaftiger und kompletter. Wenn ein österreichischer Sozialdemokrat ein

Gauner ist, dann er ist ein kompletter Gauner, wenn er ein Engel ist, ein kompletter Engel.

Von diesem Standpunkt aus könnte man die bekannte Todessehnsucht der Österreicher als eine Sehnsucht nach dem Diesseits definieren, als Sehnsucht nach einem ganz normalen Leben, wie die Leute es in Deutschland oder anderswo führen. Gleichzeitig steckt in dieser Todessehnsucht auch eine große Koketterie, denn das *normale* Leben ist ja nicht wirklich erstrebenswert. Darum glaube ich, daß hinter der angeblichen Todessehnsucht ein bloßes Beleidigtsein verborgen ist, ganz in der Art, wie man das von Menschen kennt, die mit Selbstmord drohen, um die Aufmerksamkeit und Liebe ihrer Umgebung zu gewinnen. Der Österreicher als solcher redet und singt und schreibt unentwegt über den Tod, spielt mit dem Gedanken an das eigene Sterben, ja er scheint von einer pathologischen Liebe zu todesnahen Einrichtungen wie Krankenhäusern, Arztpraxen und selbstredend Friedhöfen beherrscht, doch er tut dies alles nur, um den Tod in Schach zu halten, ihn zu verblüffen, ihn zu paralysieren. Der Österreicher steigt mit dem Tod in den Ring, im Bewußtsein eines Gegners von hoher kämpferischer Qualität, der noch dazu im Ruf steht, letztendlich jeden Kampf zu gewinnen.

Doch genau im Ignorieren dieser finalen Überlegenheit des Todes besteht ein österreichischer Charakterzug. Der Österreicher ist der geborene Hypochonder, welcher zwar frühzeitig die eigene Krankheitsanfälligkeit, die eigene Schwäche thematisiert und vor allem die Unsportlichkeit des Gegners beklagt – die Schläge in den Unterleib, die Attacken lange nach dem Pausengong, die blöden Sprüche –, andererseits aber nicht aufgibt, immer so tut, als existiere eine nächste Runde. Der Hypochonder jammert sich von Runde zu Runde. Wenn er schlußendlich den Kampf verliert, dann will er nichts davon wissen. Der im Sterben liegende Österreicher wird also nicht etwa milde oder weise oder devot. Nicht einmal gottesfürchtig, so katholisch er sein mag. Selbst an das Bett gefesselt, läuft er im Ring umher, die Hände nach oben gestreckt, als sei *er* der Sieger. Ja als habe er noch rasch einen neuen Boxverband gegründet, nach dessen Regeln nur ein Österreicher gewinnen kann. Mancher Tod kann da bloß noch kopfschüttelnd – ein Sieger, aber kein Triumphator – die Kampffläche verlassen.

Hier soll nicht über das Sterben gespottet werden. So wenig, wie der Umstand einer hohen Selbstmordrate zu ignorieren ist. Die obsessive Auseinandersetzung mit dem Tod hat neben ihrer humorvollen, spielerischen, künstlerischen und allgemeinphilosophischen Seite eben auch viele tragische Facetten. Nicht allen ist es gegeben, mittels einer regenerativen Hypochondrie sich immer wieder auf die Beine zu holen. Denn es ist allen Ernstes so, daß man als Österreicher mit all diesen Todesgedanken und Todesphantasien aufwächst, sie als fundamental erkennt. Unmöglich, sie zu ignorieren. Darum auch die Liebe zur Kirche, also zum Kirchengebäude, zum sakralen Raum, zu den vielen Darstellungen des Todes und seiner Erhöhung ins Graphische. Selbst der ungetaufte oder ungläubige Österreicher fühlt sich von diesen Räumen angezogen, da man in ihnen eine risikolose Todesnähe erfahren kann. Hier wird die Koketterie praktisch auf die Spitze getrieben. Das Kirchenschiff durchschreitend, den Altar betrachtend, eine Kerze entzündend, darf man sich halb schon im Himmel fühlen.

Die Hölle hingegen scheint für den Österreicher keine echte Bedeutung zu besitzen. Besser gesagt: Er fürchtet sich nicht davor. Seinem theatralischen Wesen gemäß sieht er die Hölle im Hier und Jetzt, in den Auseinandersetzungen mit den Wohnungsnachbarn, im Krieg mit den bürokratischen Schlangen und beamteten Hydras, im schlechter werdenden Fernsehprogramm oder in der Zusammensetzung der jeweiligen Regierung.

Allerdings kommt es auf die Farbe oder Färbung dieser Regierung nicht wirklich an. Natürlich besteht eine traditionelle Unterscheidung zwischen den eher christlich geprägten ländlichen Regionen, die schwarz wählen, und den urbanen Arbeiterhochburgen und Ballungsräumen, die eher für die Roten votieren. Und natürlich sind alle zusammen von jenem grundsätzlichen Ressentiment geprägt, welches von den Haiderianern und verwandten Gruppen mit guter Laune und kecken Sprüchen instrumentalisiert wurde und wird. Aber in letzter Konsequenz halten sich die Österreicher für unregierbar, gleich, wer da im Parlament oder auf sonstigen Bänken sitzt. Mit dem Aussterben der großen Alten, eines Bruno Kreisky oder schwarzer Landesfürsten wie Josef Krainer und Eduard Wallnöfer, denen man noch eine gewisse Volksnähe und Rechtschaffenheit zugestanden oder auch nur angedichtet hatte, mit deren Ende jedenfalls hat eine gewisse Mißachtung der politischen Größen eingesetzt. Sie sind da, weil sie da sind und weil dies Teil eines Spiel ist, welches Demokratie heißt und welches in ganz Europa gespielt wird. Die Politiker gehören dazu wie die Figürchen auf einem Mensch-ärgere-dich-nicht-Brett. Die Freude darüber, daß jemand rausfliegt, ist ungleich größer als darüber, daß einer oder eine ins Ziel kommt. Wahlen spielen sich bloß noch in der Kategorie der Gegenstimme ab, was also bedeutet, jemanden zu wählen, um jemand anderen nicht zu wählen. Ein purer Ätsch!-Faktor.

Die in den vergangenen drei Jahrzehnten losgebrochenen Begeisterungen für Personen wie Kurt Waldheim oder Jörg Haider hatten nur wenig mit deren Leuchtkraft und charismatischer Einmaligkeit zu tun. Die Begeisterung des einzelnen galt sich selbst. Ja, man war von der eigenen »Unbestechlichkeit« und »Originalität« entzückt. Und für den Fall, daß dies die einzige Möglichkeit gewesen wäre, um der Welt die kakanische Autonomie und souveräne Andersartigkeit zu beweisen, hätte man zur Not auch einen Thomas Bernhard zum Bundespräsidenten gewählt.

Das klingt, als seien die Österreicher unpolitisch. Nun, ich glaube, das sind sie. Ein Volk, das derart in sich selbst vergraben ist, in sich selbst verwurschtelt (oder kunstvoll in sich verstrickt, ein textiles Universum), erlebt die Politik als bloße Blockade und Einschränkung seiner Entwicklung. Die Politik ist das Hindernis, das die Österreicher einmal mit mehr, dann mit weniger Geschick überwinden.

Zum Tod gehört nicht zuletzt das Töten. Und nach allem, was in diesem Büchlein gesagt wurde, stellt sich die Frage, ob Österreicher auch anders töten. Liebevoller? Gehässiger? Brutaler?

Ich denke vor allem: raffinierter. Was ja auch zum übrigen Wesen gut passen würde. Ich möchte von einer *schönen Hinterlist* sprechen. Dies führt freilich dazu, daß viele Kapitalverbrechen unerkannt bleiben, quasi eingehüllt in ein Bild des Alltäglichen und Schleppenden. Ich rede also nicht von Bluttaten, von Affekthandlungen, von zeitungswürdigen Brutalitäten, sondern von geschickten Manövern, von medikamentösen Eingriffen, scheinbaren Unfällen, vor allem aber von psychologischen Winkelzügen. Nichts ist schwerer nachzuweisen, als wenn ein Mensch einen anderen in den Wahnsinn und letztendlich in den Tod treibt. Wie soll man jemandem vorwerfen, durch pure Mimik und Gestik, durch simple Mißachtung oder ein Übermaß an Fürsorge einen Partner oder

Verwandten, einen Nachbarn oder Kollegen in einen seelischen Abgrund gestoßen und dort unten – fern polizeilicher Intervention – die Vernichtung abgeschlossen zu haben? Das ist mehr als ein scheinbarer Witz. Psychoterror ist keine Kleinigkeit und in Österreich eine besondere Kunst.

Klischee & Wirklichkeit

Miniatur über ein kleines Land

Die Steiermark verfügt über die weltbeste Notfallchirurgie. Das scheint mit einem aggressionsfördernden Getränk namens Schilcher zusammenzuhängen.

Es heißt, die Tiroler seien lustig. Das stimmt. Jedoch hat diese Lustigkeit etwas von einem Donnergrollen. Es ist eine meteorologische und tektonische Lustigkeit. Wenn in Tirol einer lacht, wundert sich in Wien jemand, warum sein Tisch so wackelt.

Vorarlberg war ein virtueller Ort, lange bevor dieser Begriff überhaupt existierte. Man könnte Vorarlberg als eine prähistorische Version von *Second Life* bezeichnen. Leute, die sich irgendwo auf der Welt für Vorarlberger ausgeben, sind entweder Scharlatane oder fiktiv.

Die Burgenländer werden vom Rest des Landes angepinkelt. Man versucht sie kleinzumachen und kleinzuhalten, als wären sie nicht schon »klein« genug. Aber auch Pygmäen sind klein, allerdings auf eine perfekte Art, und vermitteln dabei eine große Erhabenheit. Wie die Burgenländer. Die Burgenländer sind die erhabensten Menschen unter den Österreichern. Sie haben das richtige Verhältnis zum Ornament, zum Wein, zur Natur und zu Gott. Das Burgenland ist ein einziges Gottschutzgebiet.

Kärnten gilt – gelinde gesagt – als ein bissel ewig gestrig. Aber auf eine heutige Weise, so in der Art, als würde der Nationalismus an die Börse gehen. Kärnten neigt zum Event und zur großen Geste. Beziehungsweise handelt es sich bei Kärnten um einen Planeten, der über eine gewaltige Anziehungskraft verfügt, die zu überwinden zu den edelsten Aufgaben gehört, die man sich denken kann.

Die Salzburger halten sich für bessere Menschen, die glauben, daß sie auf Grund ihrer Verdienste in einem früheren Leben in diese schöne Landschaft hineingeboren wurden. – Das glauben auch die Zugereisten, die sich quasi postnatal in das Salzburger Privileg eingekauft haben.

Oberösterreich ist das dunkelste Bundesland. Doch es ist eine schöne und aufregende Dunkelheit, die dort herrscht. Die Oberösterreicher scheinen sich einzig und allein für sich selbst zu interessieren, ohne aber arrogant zu wirken. Sie ruhen in sich. In ihrer freundlichen, erdigen Dunkelheit.

Niederösterreich ist völlig uneindeutig. Mal Jäger, mal Hase, mal selbstbewußt, mal kleinlaut, mal kindisch, mal ernst, mal

Wienerwald, mal Wiener Neustadt. Es verfügt über die häßlichsten Städte und die lieblichsten Täler, über die brutalsten Menschen und die sanftmütigsten. – Niederösterreich hatte lange Zeit keine eigene Landeshauptstadt, die niederösterreichische Landesregierung saß in Wien. Das war sicher schlimm. Als würde die Star-Wars-Prinzessin Leia auf dem Todesstern des feindlichen Imperators residieren müssen. Doch seit 1986 befindet sich die Regierung in St. Pölten. Das ist, als hätte die rebellische Leia jetzt ihren eigenen Todesstern.

Wien ist Anfang und Ende des Strudels. Ein zweiköpfiger Wasserkopf, der die Pole des Guten und des Bösen bildet, und nur Gott weiß, welche Seite wofür steht. Dort, wo der Strudel endet, könnte er genausogut beginnen. Dort, wo man das Böse wittert, könnte auch sogleich das Gute erstrahlen. Nur eines ist sicher: Wien – diese Stadt, die sich selbst ein Bundesland ist – bildet jenen beidseitigen Verschluß, der den ganzen österreichischen Körper zusammenhält. Ob das den anderen paßt oder nicht, ob sie die knusprigen Strudelenden mögen oder nicht. – Wien ist ein Anschnitt, aber ein zentraler.

Die restlichen beanspruchten Bundesländer, etwa Südtirol, Triest, Teile von Bayern, der Slowakei und Ungarn sowie sämtliche Kanalsysteme dieser Welt, durch die das Harry-Lime-Thema von Anton Karas *zittert*, sollen hier nicht weiter behandelt werden.

Österreich im Selbstversuch

Stuttgart – Saalfelden – Stuttgart

Das Schöne am Zugfahren ist unter anderem, daß man sich der Weite der Welt bewußt wird, während man beim Fliegen vor allem *jene* Weite realisiert, die zwischen einem Flughafen und der dazugehörigen Stadt liegt. Beinahe scheint es, als seien unsere Städte nur entstanden, um später einmal all die Flughäfen rechtfertigen zu können. Viele Menschen fürchten den Weg zum Flughafen mehr als den Flug selbst. Dieser Zwischen-Raum ist unheimlich und unfallträchtig. Meist ist er zudem noch häßlich.

Wenn wir hingegen mit dem Zug reisen, begreifen wir den Raum, durch den wir uns bewegen, als freundlich und einladend. Für einen kurzen Moment sind wir Gast in der jeweiligen Landschaft, ohne darum gleich Vertraulichkeiten auszutauschen. Die Landschaft kommt uns nicht zu nahe und wir der Landschaft nicht. Man winkt sich gewissermaßen zu. Und nicht umsonst stellt das Aus-dem-Waggon-Winken eine liebenswürdige Tradition dar, die zumindest von Kindern auch heutzutage noch praktiziert wird (während die gleichen Kinder schon sehr jung und unwissend sein müssen, um aus einem Flugzeug zu winken, ohne es ironisch zu meinen. Wer bitte sollte sie sehen? Ein Ballonfahrer? Ein Engel? Der Pilot eines vorbeifliegenden Kampfjets?).

Würde es in der Bahn kein Bahnpersonal geben, wäre das Zugfahren richtig schön. Das Bahnpersonal jedoch ist eine Prüfung für jeden sensiblen Menschen. Und das österreichische Bahnpersonal auch für die Hartgesottenen unter uns. – Kommen Sie nicht auf die Idee, sich als Kunde fühlen zu wollen. Kommen Sie nicht auf die Idee, Sie könnten eine Erkundigung einholen, eine Frage stellen, was ja nur eins beweist: wie schlecht Sie sich auf diese Reise vorbereitet haben. Der Zugschaffner und die Zugschaffnerin sind eine Art Sheriff. Und einem Sheriff sollte man nicht dumm kommen.

Ich erhielt eine Einladung, in Saalfelden, am Ufer des Steinernen Meers gelegen, aus einem meiner Romane vorzulesen (wie man einen Eintopf aufwärmt, wovon manche Eintöpfe besser, andere schlechter werden). Diese Einladung brachte es nun mit sich, daß ich an einem kalten, diesigen Novembermorgen in Stuttgart in den Zug stieg, um nach Rosenheim zu fahren und dort nach Wörgl abzuzweigen. Dabei fragte ich mich, ob ich die Landesgrenze erkennen, erspüren würde? Würde ich innerlich zusammenzucken, wenn plötzlich die Heimat an mir vorbeifuhr? Würde tief in mir ein Flämmchen aufflackern, wie bei einem Warmwasserboiler, der endlich wieder funktioniert? Oder würde alles gar nicht so dramatisch sein, wie der literarische Geist es sich wünscht? – Apropos dramatisch: Wenn man soeben aus der Position des fernen Beobachters eine »Gebrauchsanweisung für Österreich« geschrieben hat, fürchtet man, beim Eintreten in den beobachteten Gegenstand eine Watschen abzubekommen. Wie das mitunter Kritikern passiert, die sich unvernünftig nahe an eine Diva wagen. Und Österreich ist ganz sicher eine Diva, *die* Diva.

Doch es kam anders. Keine Watschen, kein schlagartig anspringender Boiler. Nein, das Einwirken der Heimat erfolgte stückchenweise, wie bei einer Krankheit, wenn man zunächst bloß ein Kratzen im Hals spürt, eine kleine Hitze, ein kleines Gewicht im Körper, das sich auf die Glieder verteilt, bevor dann der Infekt machtvoll sein Spiel mit einem treibt.

Es war natürlich ein Zufall, aber als ich nach Österreich kam, genauer gesagt nach Tirol, war das Land weiß vom Schnee. Weit und breit nichts von einem Klimawandel zu sehen, alles Kulisse, alles Berglift, alles Bilderbuch.

Da lagen sie, die lieblichen Orte, die man nur vom Zug aus betrachten sollte, ohne die schrecklichen Details, ohne die Verrohung von Landschaft und Architektur wahrnehmen zu müssen, die man dem Fremdenverkehr – allein dieses Wort! – verdankt. Im Vorbeifahren, eingedickt vom Schnee, aber noch außerhalb des saisonal bedingten touristischen Bombardements, muten diese Ansiedlungen fast unberührt an, friedlich, als dienten sie alleine dazu, die eine oder andere Schilegende hervorzubringen, den einen oder anderen ausländischen Fußball- oder Sonstwiepräsidenten zu beherbergen (die Österreicher sind absolute Meister in der Präsidentenbeherbergung, und es fragt sich, warum dieses im Grunde recht selbstbewußte Volk sich derart devot gegenüber mächtigen oder erfolgreichen Ausländern verhält; man muß kein linksradikaler Österreichverbesserer sein, um die Auswüchse der Präsidentenbeherbergung, diese unentwegten steuerrechtlichen und sonstigen Kniefälle mit Verwunderung zur

Kenntnis zu nehmen. Man sollte zum lieben Gott aufschauen, aber nicht zu Leuten, die ein bißchen im Fernsehen vorkommen, oder halt dauernd). – Verzeihen Sie meine Abschweifung. Wir waren ... ja, wir waren bei Orten wie Kitzbühel und Oberndorf und St. Johann in Tirol. Viele Kirchen, engstehende Häuser. Diese Orte erinnern an erschlagene Igel. Wehrlos, mag sein, aber selbst tote Igel haben Stacheln, nicht wahr?

Saalfelden hingegen ist kein Igel. Auch nicht tirolerisch, sondern salzburgerisch. Es liegt offen da, gewissermaßen ausgestreut, was aber wenig an den schmalen Gehwegen im Zentrum ändert, die dank der Schneehaufen nicht gerade breiter werden. Gleichzeitig fällt eines sofort auf: Die Rücksichtnahme der Autofahrer gegenüber den auf zwei Beinen dahinschreitenden Passanten. Wenn man aus Stuttgart kommt, mag man es kaum glauben. Ein österreichischer Zebrastreifen scheint tatsächlich von allen (!) als ein vorrangiger Fußgängerübergang verstanden zu werden und nicht – wie so oft in deutschen Landen – als eine geometrische Bodenverzierung, die man – wie so oft bei moderner Kunst – so rasch als möglich zu überwinden versucht. Und somit allein das Primat des Stärkeren gilt, also des motorisierten Bodenkunstüberwinderers. Ein deutsches Kind lernt den Zebrastreifen als eine allerhöchste Gefahrenquelle zu begreifen, ein österreichisches Kind als ein Vorrecht.

Ich möchte nicht sagen, daß den Österreichern ihre Autos weniger heilig wären (das wäre ein schöner Traum), auch *sie* verbindet ein familiäres Verhältnis zu den rollenden Maschinen, wie man es in mystischen Bereichen zu domestizierten Drachen pflegt, aber der österreichische Automobilist scheint nicht zu vergessen, daß er nicht nur vom Homo erectus und vom Homo habilis abstammt, sondern sich vor allem aus dem

Fußgeher heraus entwickelt hat und daß man mit seinen Vorfahren halbwegs rücksichtsvoll umgehen sollte.

Als deutscher Fußgänger in Österreich muß man sich erst wieder daran gewöhnen, Zebrastreifen anders als in der Art flüchtender Zebras zu queren und statt dessen hochverehrt dem rücksichtsvollen Autofahrer ein Zeichen des Danks zu senden.

Man darf freilich nicht vergessen, daß Österreich keine eigene Autoindustrie besitzt, genauer gesagt keine eigene identitätsstiftende Automarke (Kreiskys dahingehende Versuche, einen Austro-Porsche ins Leben zu rufen, scheiterten). Dieser Umstand einer emotionalen Ungebundenheit hat sicher seine Vorteile. Obgleich auch in Österreich eine Dominanz des Autoverkehrs besteht, fehlt jene ideologische Komponente, die aus den Bürgern in erster Linie Automenschen macht. Nein, der Österreicher bleibt in seinem Bewußtsein Kulturmensch, selbst noch hinter dem Steuer sitzend. Mag sein, daß er hin und wieder das Fußvolk zum Teufel schicken möchte, aber er weiß sich zu beherrschen und weiß sich zu benehmen.

Saalfelden hatte auf dieser Reise den Nachteil, als einziger Ort aus der Nähe betrachtet zu werden, also mitsamt der Verschandelung des historischen Zentrums dank Einkaufsläden und Restaurants (selbst jene obligate *Küche des Schrecklichen* hat hierher gefunden, allerdings befindet sich besagter McDonald's in unmittelbarer Nachbarschaft zu einem überaus gelungenen kleinen Kunsthaus, in dessen ursprünglich als Kinosaal geplantem Tiefgeschoß man einen gehäuseartig perfekten Ausstellungsraum eingerichtet hat, einen kubischen Zellkern, schon wieder so eine Mitte der Welt, in der die Kunst bedächtig die Räder antreibt und unser aller Gehirne mit Sauerstoff versorgt).

Diese gewisse Unansehnlichkeit von Stadt- und Dorfzentren ist nur normal. Es ist wie mit einem Menschengesicht. Aus nächster Nähe betrachtet, ist fast jedes Antlitz eine Enttäuschung, allerdings nicht, wenn man einen Kuß in dieses Antlitz drückt, weil man dann ja ganz ins eigene Gefühl versinkt und zudem die Augen geschlossen hält. So funktioniert Heimatliebe: derart nahe am Gegenstand seiner Liebe zu sein, daß man den Gegenstand nicht mehr zu sehen braucht.

In jedem Fall stimmt eines: Die Saalfeldener sind nicht nur höfliche Autofahrer, sondern auch sonst sehr freundlich.

Den Rückweg nach Stuttgart nahm ich über das Salzburgerland. Vorbei an Zell am See. Der Ort liegt ganz wunderbar am Wasser, ein wenig so, als würde er dem Wasser applaudieren. Am ergebensten tut dies das Grand Hotel, welches sich auf den See hinausstreckt (wie jene Damen, die den Tenören voll Verzückung eine Blume in die Hand drücken). Der Ort wirkt mondän, nein, halbmondän, die beste Form des Noblen, wie überhaupt der österreichische Reiz im Halben liegt, nicht im Halbfertigen, wie bei den Griechen, sondern im halb zu Ende Gebauten oder halb zu Ende Gedachten. Der Österreicher spricht Sätze, die nicht etwa in der Mitte versanden, sondern in der Mitte mit einem klaren, bestimmten und gewollten Punkt enden. Der Österreicher verfaßt Fragmente, die ganz für sich stehen können.

Auf Salzburg zufahrend, verlieren die Ortschaften ein wenig an Wirkung. Vielleicht sind sie zu nahe an der Grenze, keine Ahnung. Und über die Stadt Salzburg soll sich jeder sein eigenes Urteil bilden. Sicher, der Ort ist schön gelegen und verfügt über einige Pracht. Aber kommt es nicht auch auf die Seele an? Und wie jemand spricht und wie jemand riecht und wie jemand sich beim Essen benimmt, und ob er ein

Angeber ist, ein Blender? Ja, auch Städte können Blender sein.

Dennoch: Als ich aus Österreich herausfuhr, kam mir Deutschland zuerst grau vor, grau im Sinne von Schwarzweiß, wie bei alten Filmen. Aber das ist natürlich eine Täuschung. Man muß sich eben erst wieder an die »Außenwelt« gewöhnen. Die Farbe kehrt zurück, füllt das Auge. Die Farbe des Diesseits.

Ich überlege, wie komisch es ist, daß heutzutage aus ein und demselben Fernsehgerät das österreichische wie das deutsche Fernsehen empfangen wird, nur durch simple Tastenwahl voneinander entfernt, als wollte man in einem Topf gleichzeitig eine gebundene und eine klare Suppe warm machen, hernach aber getrennt servieren. Was ja nicht ganz leicht ist. Und darum sieht das Fernsehen wohl so aus, wie es aussieht.

Aber mit dem Fernsehen will ich natürlich nicht enden. Ein Ende sollte immer versöhnlich sein – nicht glücklich, das ist etwas anderes. Glücklich sind Kühe. Wir Menschen wollen gar nicht glücklich sein, sondern das Schicksal durchschauen, den Sinn des Ganzen erkennen, vom Speziellen auf das Allgemeine schließen und uns auf diese Weise, mittels der Erkenntnis, versöhnen lassen mit dem Leben.

Man schrieb das Jahr 1658, als Leopold I., seines Zeichens neuer Kaiser des Heiligen Römischen Reiches, zudem König von Ungarn und von Böhmen, und von Kroatien und Slawonien auch noch, seinen Einzug in Wien hielt. Dieser Musikliebhaber und typische Habsburger mit dem gegenreformatorischen Bedürfnis, die Welt mit aller Macht zu katholisieren, ist heute vor allem bekannt für seinen Kampf gegen das Osmanische Reich, wobei man sich im Stile des österreichischen Staatsbürgers Bert Brecht (und zwar seit 1950) fragen möchte, ob der Kaiser tatsächlich *allein* gegen das Osmanische Reich kämpfte.

Für die Wiener freilich zählte an diesem Tag allein das Ereignis. Man wollte den Kaiser glorios empfangen und putzte die Stadt heraus. Unter anderem beauftragte man einen jungen Mann, einen »Gartner ledigen Standes«, hinauf auf die Spitze des Stephansturms zu steigen, die sogenannte Turmrose zu erklimmen und dort ein Riesentrumm von Flagge zu schwingen, und zwar dann, wenn der Kaiser kam, um im Dom dem Tedeum beizuwohnen. Der junge Mann hieß Salzberger, mit Vornamen Gabriel, was ja nun wirklich als ein idealer Name für diesen Job erscheinen mußte – in der Bedeutung »Mann Gottes«. Für die überaus gefährliche Arbeit sollte er mit zehn Reichstalern entlohnt werden. Er kletterte also nach oben, nahm in 135 Metern Höhe seine Position ein und wartete mit eingerollter Flagge auf die »Einbeglaidung der Röm. K. Mayestet Leopoldus«, welcher durch das bombastisch geschmückte Wien zog und erst recht spät den Dom erreichte, woraufhin der Gärtnerbursche endlich die Flagge in den Himmel recken und sein akrobatisches Werk vollbringen konnte. Wahrlich ein Engel, wie er da hoch oben balancierte und ein Zeichen weltmächtiger Heiligkeit in die Luft setzte.

Aber so, wie zu Österreich das Heilige gehört, gehört auch die Schlamperei dazu, auf welche die Österreicher seit jeher sehr stolz sind (wahrscheinlich, weil diese Schlampigkeit als eine originäre Kulturleistung angesehen wird, welche die Österreicher von der banalen und unkünstlerischen Ordnungsliebe anderer Völker abhebt). Jedenfalls hatte man die Leiter, auf der Gabriel Salzberger nach oben gestiegen war, eingezogen. Und eigentlich hätte man sie nun, nachdem der Kaiser sich im Dom befand, wieder in Position bringen müssen, um Salzberger zurückzuholen. Aber man vergaß darauf, ja man verschwitzte völlig, einen Mann auf die Turmspitze gesetzt zu haben.

Das Vergessen ist die Krönung der Schlampigkeit. Und die Vergeßlichkeit der Österreicher ist bis heute Teil ihrer Meisterschaft. Sie vergessen eben nicht nur die Dinge, die nicht mehr zu ändern sind – was ja jeder kann –, sondern mit Vorliebe jene Dinge, die zu ändern sich geradezu aufdrängt.

Salzberger fand sich somit als Opfer dieser Vergessenskunst wieder, umweht von den hohen herbstlichen Winden eines ersten Oktobers, unter sich den steingewordenen katholischen Glauben, über sich das nächtliche Firmament. Schwer zu sagen, wie sehr er sich nicht nur von seinen Auftraggebern, sondern auch von Gott verlassen fühlte und wie groß sein Zorn auf die unter ihm im Festrausch dahinschwankenden Wiener gewesen sein mochte. Oder aber, ob er sich demütig dieser Prüfung stellte, weil er vielleicht begriff, wie wenig es genügte, für den Kaiser eine Fahne zu schwingen, sondern es ebenso dazugehörte, zur Ehre seiner Majestät eine Nacht lang eine lebende Turmfigur zu verkörpern.

Es ist nun müßig, sich darüber zu streiten, welche Quellen stimmen, ob man also bereits um Mitternacht oder erst am nächsten Morgen sich des armen Mannes entsann. Jedenfalls mußte nach der späten Rettung Salzbergers festgestellt werden, daß dieser seine »Aussetzung« nicht unbeschadet überstanden hatte: Sein Haar war ergraut (vielleicht auch erbleicht) und seine Haut runzelig geworden. Die Stadt Wien zeigte sich auf Grund dieser sichtbaren Einbußen als großmütig und erhöhte die vereinbarte Bezahlung von zehn auf zwölf Taler.

Zwei Taler also, zwei Taler für einen Engel, zwei Taler, das ist praktisch das Resultat dieser Geschichte, die eigentliche Erkenntnis, der meßbare Wert einer in Todesangst zugebrachten

Nacht. Zwei Taler sind das Faktum, gleichzeitig aber auch der virtuelle Raum zwischen Wirklichkeit und Wahnsinn. Diese zwei Taler sind wie die Konklusion in Douglas Adams' *Per Anhalter durch die Galaxis*, wenn als Antwort auf die letzte aller Fragen die Zahl 42 genannt wird. So konkret zwei Taler sein mögen, sind sie doch gleichermaßen grotesk und irrelevant wie die Zahl 42.

Zwei Taler für einen fahnenschwingenden Engel, das ist Österreich. Und *das* also ist der versöhnliche Schluß.

Bereits erschienen:

Gebrauchsanweisung für ...

Amerika
von Paul Watzlawick

Amsterdam
von Siggi Weidemann

Barcelona
von Merten Worthmann

Bayern
von Bruno Jonas

Berlin
von Jakob Hein

die Bretagne
von Jochen Schmidt

Brüssel und Flandern
von Siggi Weidemann

China
von Kai Strittmatter

Deutschland
von Maxim Gorski

Dresden
von Christine von Brühl

das Elsaß
von Rainer Stephan

England
von Heinz Ohff

Frankreich
von Johannes Willms

Gardasee
von Rainer Stephan

Genua und die Italienische Riviera
von Dorette Deutsch

Griechenland
von Martin Pristl

Hamburg
von Stefan Beuse

Indien
von Ilija Trojanow

Irland
von Ralf Sotscheck

Italien
von Henning Klüver

Japan
von Gerhard Dambmann

Kalifornien
von Heinrich Wefing

Katalonien
von Michael Ebmeyer

Köln
von Reinhold Neven Du Mont

Leipzig
von Bernd-Lutz Lange

London
von Ronald Reng

München
von Thomas Grasberger

01/0002/09/L

Neapel und die Amalfi-Küste
von Maria Carmen Morese

New York
von Verena Lueken

Niederbayern
von Teja Fiedler

Nizza und die Côte d'Azur
von Jens Rosteck

Norwegen
von Ebba D. Drolshagen

Österreich
von Heinrich Steinfest

Paris
von Edmund White

Polen
von Radek Knapp

Portugal
von Eckhart Nickel

Rom
von Birgit Schönau

das Ruhrgebiet
von Peter Erik Hillenbach

Salzburg und das Salzburger Land
von Adrian Seidelbast

Schottland
von Heinz Ohff

Schwaben
von Anton Hunger

Schweden
von Antje Rávic Strubel

die Schweiz
von Thomas Küng

Sizilien
von Constanze Neumann

Spanien
von Paul Ingendaay

Südfrankreich
von Birgit Vanderbeke

Südtirol
von Reinhold Messner

Tibet
von Uli Franz

Tschechien und Prag
von Jiří Gruša

die Türkei
von Iris Alanyali

Umbrien
von Patricia Clough

Venedig
von Dorette Deutsch

Wien
von Monika Czernin

01/0002/09/R

PIPER

Monika Czernin
Gebrauchsanweisung für Wien

191 Seiten. Gebunden

Eine Melange trinken, wo Joseph Roth den »Radetzkymarsch« verfaßte; sich im Dreivierteltakt um die eigene Achse drehen, wo die Hautevolee auf rauschende Bälle geht. Hier hat Adolf Loos mit seiner Architektur Skandale ausgelöst, hier gehört heftiges Debattieren immer noch zum Alltag wie der weiße G'spritzte zum Tafelspitz. Wien – eine Stadt zwischen Nostalgie und Moderne. Monika Czernin, selbst aus einer alten österreichischen Familie, weiß, was den Wiener heute umtreibt, warum Oberkellner respektierte Persönlichkeiten sind, Obdachlose standesbewußt und fesche Ministersekretäre immer Karriere machen. Hier erfahren Sie, was der »Schmäh« wirklich ist, warum man »Sackerl« und nicht Plastiktüte sagen sollte und wieso Wien heute der absolute Geheimtip ist.

01/1283/01/R

PIPER

Adrian Seidelbast

Gebrauchsanweisung für Salzburg und das Salzburger Land

176 Seiten. Gebunden

Immer hübsch fernhalten von den Hauptstraßen und Trampelpfaden! Diese Devise gilt für das Salzburger Land genauso wie für die Hauptstadt, wo Besuchergewimmel und Einsamkeit, Weltberühmtes und neu zu Entdeckendes ganz nah beieinanderliegen: der unvermeidliche Mozart und der große, aber unpopuläre Barockkomponist Georg Muffat; der als Touri-Magnet beliebte Jedermann vor dem Salzburger Dom und der unbekannte Mundart-Jedermann unter der tausendjährigen Dorflinde von Faistenau; der zigmal verfilmte und besungene Wolfgangsee und der wunderschöne, aber fast noch geheime Seewaldsee; die Salzburger Nockerln im »Goldenen Hirschen«, geschmorte Kalbsbäckchen im »Porsche-Schloß« und Kaspreßknödel in der Almwirtschaft »Schirlastuben«; das städtische Lustschloß Hellbrunn und die abgelegene Gnadenkapelle Maria Elend überm Rauristal; die vielbesuchten Tauern mit ihren Wintersport-Superlativen, das einsame Tennengebirge und das idyllische Salzkammergut mit Altaussee und Brandauer, Attersee und Weißem Rößl.

01/1549/01/R

Thomas Küng

Gebrauchsanweisung für die Schweiz

Unter Mitarbeit von Peter Schneider. 208 Seiten. Gebunden

Hier ist alles ein bisschen schöner – die Seen, Berge und Städte, die Menschen, die Läden und die Kleider: in der Schweiz, dem viersprachigen Alpenland zwischen Kunst, Käse und Kanton, Idylle und Industrienation. Thomas Küng kennt nicht nur die Schokoladenseiten seiner Heimat, die weltberühmt ist für ihre Präzisionsprodukte. Mit Wortwitz und Ironie schreibt er über Mentalitäten, Geschäftsusancen und die Rivalität der Städte, nimmt uns mit nach Zürich, Luzern und Genf, zur Basler Fasnacht und in die Hauptstadt Bern, wo 1954 für Deutschland ein Wunder geschah. Er verrät, warum kein Schweizer Müsli isst und wie Sie sich in all dem Chrüsimüsi zurechtfinden. Und dass Tschute und Fußballspielen ein und dasselbe sind.

01/1167/02/R

PIPER

Bruno Jonas

Gebrauchsanweisung für Bayern

180 Seiten. Gebunden

Wo liegt Bayern? Wer lebt dort? Franken, Schwaben, Oberpfälzer, Allgäuer, Bayern, Zugereiste? Was hat es mit dem Vielvölkerstaat Bayern auf sich? Wie setzt sich das Volk der Bayern zusammen, und wer darf sich Bayer nennen? Stimmt es, daß die Lieblingsbeschäftigung der Bayern Fingerhakeln, Schuhplatteln und – Granteln ist?
Bruno Jonas, scharfzüngiger Kabarettist und Niederbayer, legt seine besondere Beziehung zum Land der Zwiebeltürme und Schweinshax'n, der glitzernden Seen und saftiggrünen Buckelwiesen, der Barockklöster und Biergärten dar – logisch, daß dabei Kultstars wie König Ludwig und die Dreifaltigkeit CSU, BMW und FCB nicht fehlen dürfen.

01/1060/01/R

PIPER

Henning Klüver
Gebrauchsanweisung für Italien

191 Seiten. Gebunden

Alle lieben Italien – das Land, wo die Zitronen blühen, wo die Frauen schön sind und der Espresso aromatisch. Glaubt man. Aber was blüht jenseits des Brenners wirklich? Was essen die Italiener, wenn die Mamma keine Lust auf Pizza und Pasta hat? Und warum tragen fast alle unsere Schuhe das Gütesiegel Made in Italy?
Henning Klüver weiß es. Mit leichter Hand widmet er sich den ureigensten Domänen der Italiener: der Familie und der Mafia, der Mode und der Piazza, der Kirche und dem guten Essen. Er kennt den Unterschied zwischen Osteria und Ristorante, er weiß, warum die italienische Innenpolitik einer Daily Soap in nichts nachsteht und wieso schon lange kein Italiener mehr ohne Handy auskommt.

01/1065/01/R